东汉风云

赵妍 编著

煤炭工业出版社
·北京·

图书在版编目（CIP）数据

东汉风云／赵妍编著 . − − 北京：煤炭工业出版社，
2018

ISBN 978 − 7 − 5020 − 6970 − 4

Ⅰ . ①东… Ⅱ . ①赵… Ⅲ . ①中国历史—东汉时代—
通俗读物 Ⅳ . ①K234. 209

中国版本图书馆 CIP 数据核字（2018）第 245181 号

东汉风云

编　　著	赵　妍
责任编辑	马明仁
编　　辑	郭浩亮
封面设计	荣景苑

出版发行　煤炭工业出版社（北京市朝阳区芍药居 35 号　100029）
电　　话　010 − 84657898（总编室）　010 − 84657880（读者服务部）
网　　址　www. cciph. com. cn
印　　刷　永清县晔盛亚胶印有限公司
经　　销　全国新华书店

开　　本　880mm×1230mm$^1/_{32}$　**印张**　7$^1/_2$　**字数**　200 千字
版　　次　2019 年 1 月第 1 版　2019 年 1 月第 1 次印刷
社内编号　9850　　　　　　　**定价**　38. 80 元

前　言

　　《资治通鉴》，简称"通鉴"，是北宋司马光主编的一部多卷本编年体史书，共294卷，历时19年编纂的一部规模空前的编年体通史巨著。它是中国第一部编年体通史，在中国官修史书中占据极重要的地位。它以时间为纲，事件为目，从周威烈王二十三年起，到五代的后周世宗显德六年征淮南止，涵盖16朝1362年的历史。

　　《资治通鉴》总结出许多经验教训，供统治者借鉴。宋神宗认为该书"鉴于往事，有资于治道"，而钦赐书名《资治通鉴》。全书按朝代分为十六纪，即《周纪》五卷、《秦纪》三卷、《汉纪》六十卷、《魏纪》十卷、《晋纪》四十卷、《宋纪》十六卷、《齐纪》十卷、《梁纪》二十二卷、《陈纪》十卷、《隋纪》八卷、《唐纪》八十一卷、《后梁纪》六卷、《后唐纪》八卷、《后晋纪》六卷、《后汉纪》四卷、《后周纪》五卷。

　　《资治通鉴》的内容以政治、军事和民族关系为主，兼及经济、文化和历史人物评价，目的是通过对事关国家盛衰、民族兴亡的统治阶级政策的描述警示后人。

司马光，汉族，初字公实，更字君实，号迂夫，晚号迂叟，司马池之子。司马光是北宋政治家、文学家、史学家。他主持编纂了中国历史上第一部编年体通史《资治通鉴》。司马光为人温良谦恭、刚正不阿，历来受人景仰。

此书截取《资治通鉴》三国时期从灵帝到官渡之战这段历史。以白话翻译为主，加以评论。以不一样的视角和时间轴来阐述波澜壮阔的三国历史。灵帝作为实际意义上的东汉最后一位皇帝，他当政期间东汉王朝迅速走向衰亡。他死后群雄并起，最终导致东汉王朝名存实亡。本书从灵帝继位说起，探寻三国历史的本源，展示东汉王朝为何一步步迅速走向衰亡。并以官渡之战，曹操基本上统一北方为结尾。

目　录

一、灵帝继位，窦太后掌权

汉桓帝永康元年（167年）12月丁丑（二十八日），汉桓帝在德阳前殿驾崩。戊寅（二十九日），尊皇后窦妙为皇太后。窦太后临朝主持朝政。起初，窦妙被立为太后，但很少能见到桓帝，只有采女田圣等人受到桓帝的宠爱。窦后嫉妒心强而又残忍，当桓帝的棺材还停在德阳前殿时，她就下令处死田圣。城门校尉窦武为了商议确定新皇帝人选，征召侍御史河间国人刘，向他询问刘姓皇族中的贤才，刘推荐解渎亭侯刘宏。刘宏是河间王刘开的曾孙，祖父刘淑，父亲刘苌，两世都封为解渎亭侯。于是窦武入宫秉报窦太后，在宫禁中决策。任命刘为守光禄大夫，和中常侍曹节共同持节，率领中黄门、虎贲武士、羽林军等一千人，前往迎接刘宏。当时，刘宏年仅十二岁。

春季，正月壬午（初三），升城门校尉窦武为大将军。任命前太尉陈蕃为太傅，和窦武以及司徒胡广统领尚书台事宜。

这时，正逢桓帝死亡的大丧，新皇帝还没有即位，尚书们都内心畏惧，很多人假装生病不敢入朝理事。陈蕃写信责备他们说："古人树立名节，君王虽然死亡，我们侍奉他，犹如他仍生存。而今新皇帝尚未即位，政事更加紧迫，各位怎么可以在这样艰苦的处境中，推卸自己应尽的职责，而躺在床上休息？这在大义上又怎么能够安心？"尚书们惶惧恐怖，都纷纷入朝治理政事。

己亥（二十日），解渎亭侯刘宏抵达夏门亭。窦太后命窦武持节，用皇子封王时专用的青盖车，将刘宏迎接入宫。庚子（二十一日），刘宏即皇帝位，为汉灵帝，改年号。

二月辛酉（十三日），将桓帝安葬在宣陵，庙号为威宗。辛未（二十三日），大赦天下。

起初，护羌校尉段既已平定西羌，然而，东羌先零等部尚未归顺。度辽将军皇甫规、中郎将张奂，连年不断地进行招抚，羌人不断归降，又不断起兵进行反叛。桓帝下诏询问段说："东羌先零等部羌民作恶反叛，然而皇甫规、张奂各拥有强兵，不能及时平定，我想命令你率军到东方讨伐，不知道是否恰当，请认真考虑一下战略。"

段上书说："我认为先零以及东羌诸部，虽然数度反叛，但向皇甫规投降的已有二万余大小部落，善恶已经分明，残余的叛羌所剩无几。而今张奂所以徘徊踌躇，久不进兵，只因为顾虑已归顺朝廷的羌人，仍跟叛羌相通，大军一动，他们必然惊慌。并且，从冬天开始，直到现在，已是春季，叛羌屯聚集结不散，战士和马匹都十分疲惫，有自行灭亡的趋势，想再一次招降他们，坐着不动便可制伏强敌。我认为叛羌是狼子野心，很难用恩德感化。当他们势穷力屈时，虽然可以归顺，一旦朝廷军队撤退，又重新起兵反叛。唯一的办法，只有用长矛直指他们的前胸，用大刀直加他们的颈项。共计东羌诸部只剩下三万余个部落，全部定居在边塞之内，道路没有险阻，并不具备战国时代燕、齐、秦、赵等国纵横交错的形势。可是，他们却长久地扰乱并州、凉州二州，不断侵犯三辅地区，迫使西河郡和上郡的太守府都已迁徙到内地，安定郡、北地郡又陷于孤单危急。自云中郡、五原郡、西到汉阳郡，二千余里，土地全被匈奴人、羌人据有。这就等于恶疮暗疾，停留在两胁之下，如果不把他们消灭，势力将迅速膨胀。倘若用骑兵五千人、步兵一万人、战车三千辆，用三个冬季和两个夏季的时间，足可以击破平定，约计费用为钱五十四亿两。这样，就可以使东羌诸部尽破，匈奴永远归顺，迁徙到内地的郡县官府，也可以迁回故地。自安帝永初年代中期起，诸部羌人起兵反叛，历时十四年，用费二百四十亿两。顺帝永和年代末期，羌人再度起兵反叛，又历时七年，用费八十余亿两。如此庞大的消耗，尚且不能把叛羌诛杀灭尽，以致残余羌众重新起兵反叛，遗害至今天。而今如果不肯使人民忍受暂时劳累的痛苦，则永久的安宁便遥遥无期。我愿竭尽低劣的能力，等待陛下的节制调度。"

桓帝批准，完全采纳段所提出的上述计划。于是，段率军一万余人，携带十五日粮食，从彭阳直接插到高平，在逢义山跟先零等部羌民决战。羌军强大，段部众都很恐惧。段便下令军中，使用长箭头和锋利的大刀，前面排列三重举着长矛的步兵，挟持着强劲有力能够远射的弓弩，两边排列着轻装的骑兵，掩护着左右两翼。他激励将士说："现在，我们远离家乡数千里，向前进则事情成功！逃走一定大家全死，我们共同努力争取功名！"他就大声呐喊，全军跟随呐喊，步兵和骑兵同时发动攻击，先零羌军崩溃，段军队斩杀羌众八千余人。窦太后下诏褒奖说："等到东羌全部平定，再合并论功行赏。现在，暂时赏赐段钱二十万，任命段家一人为郎中。"并且，命令中藏府调拨金钱等钱帛财物，帮助军费，擢升段为破羌将军。

闰月甲午（疑误），追尊灵帝祖父刘淑为孝元皇，祖母夏氏为孝元后，父亲刘苌为孝仁皇，母亲董氏为慎园贵人。

癸巳（十七日），论拥立皇帝的功劳，封窦武为闻喜侯，窦武的儿子窦机为渭阳侯，侄儿窦绍为侯，窦靖为西乡侯，中常侍曹节为长安乡侯，共封侯爵十一人。

郡人卢植上书劝说窦武说："你现在在汉王朝中所处的地位，犹如姬旦、姬在周王朝所处的地位一样，拥戴圣明君主，关系到全国人民，谈论者认为你的功劳中这是最为重大的了。皇室的血统关系，本是一脉先后相传，你只不过按照图牒的次序确立皇帝人选，这又有什么功勋？岂可贪天之功，当作自己的力量。我建议你应该辞去朝廷给你的大赏，保全你的身份和名誉。"窦武不能采纳。卢植身长八尺二寸，说话的声音犹如洪钟一样响亮，性情刚正坚毅，有大节。年少时跟随马融学习儒家经书，马融性格豪放不羁，常让歌伎在面前载歌载舞。卢植在座下听讲多年，从来没有斜视一眼，马融因此对他十分敬重。

窦太后为了感激陈蕃旧日对她的恩德，特封他为高阳乡侯。陈蕃上书辞让说："我听说分割国家土地，作为封爵食邑，应该以功劳或恩德作为标准。我虽然没有清白廉洁的品行，但我羡慕正人君子'不是用正当的方法得到的东西，不能接受。'倘若我接受封爵而不辞让，捂住脸面坐上这个位置，将使皇天盛怒，降灾祸于百姓。这样，我渺小的身子，又向何处寄托！"窦太后不准。陈蕃坚决辞让，奏章前后上呈有十次之多，终于不肯接受封爵。

破羌将军段，率领轻装部队穷追残余羌众，出桥门谷，日夜兼程，先后在奢延泽、落川、令鲜水等地接连战斗，取得一连串胜利。尔后，又追到灵武谷，大败羌众。秋季，七月，段率军追击到泾阳，残余羌众只剩下四千余个部落，全都逃散进入汉阳郡的各个山谷里。

护匈奴中郎将张奂向朝廷上书说："东羌虽然被击破，但是残余羌民很难全部消灭，段性情轻率而果敢，应考虑到东羌诸部的失败，难以持久。最好是以恩德招降，就永远不会后悔。"朝廷下诏，将张奂的建议转告段，段再次向朝廷上书说："我原本知道东羌虽然人数众多，然而，他们的力量软弱，容易制伏。所以，才不断向朝廷陈述我的愚见，想做永远安宁的打算。可是，中郎将张奂总是强调羌人力量强大，难以击破，应该采用招降的策略。圣明朝廷明镜高悬，采纳我的犹如瞽者的妄说，所以，我的谋略才得以施行，而张奂的计划才被搁置不用。只因为事态的发展，跟张奂原来所预料的恰恰相反，张奂便心怀猜疑嫉妒，听信叛羌的申诉，润饰言辞和文意，指责我的军队'不断受到挫折'，又宣称：'羌人和汉人都是上天所生，不能诛杀灭尽，山谷广阔高大，不能空着无人居住。流血污染原野，有伤和气，招致天灾。'我低头思考，周王朝、秦王朝时代，西戎、北狄为害。汉王朝中兴以来，羌人的侵犯为害最大，杀也杀不完，虽然归降，不久又起兵反叛。而今先零等诸部羌人，多次反复无常，攻陷县邑，抢夺人民财物，挖掘坟墓棺木，暴露死尸，使生人和死者都遭受灾祸。于是上天盛怒，才借我所统率的大军之手，对他们进行诛杀。过去，春秋时期，邢国暴虐无道，卫国对它进行讨伐，大军出动之日，上天及时降雨。我率军征战，经过夏天，接连获降及时雨，庄稼丰收，人民也没有瘟疫疾病。上应天心，不降灾异伤害；下受人民拥戴，大众齐心，出师获胜。从桥门以西，落川以东，旧有的宫殿和县城聚邑，互相连接，并不是穷山恶水的绝域地带，车辆马匹，都能安全行驶，不会遭到毁伤损坏。张奂身为汉朝官吏，担任武职，到任二年，仍不能扫平贼寇，徒想兴修文教，止息干戈，招降八凶悍的敌人，这纯粹是虚诞无用之说，安全不能得到验证。为什么这么说呢？过去，先零羌众侵犯边塞，赵充国把他们迁居到边塞之内；煎当羌众扰乱边塞，马援把他们迁移到三辅地区。他们开始时全都降服，而后来终于起兵反叛，至今仍为祸害。所以，凡是有远见卓识的人士都深感忧虑。而今沿边各郡，汉人户口稀少，常常遭受羌人的毒害。如果再把大批降羌内迁，让他们和汉人杂居在一起，这就犹如把荆棘种到良田，把毒蛇豢养在卧室一样。所以，我依靠大汉朝廷的威名，建立长久安宁的计策，打算彻底地铲除病根，使它再不能发生。本来规划三年的经费，支用五十四亿两，迄今一载，消耗不到一半，然而，残余的叛羌，已像灰烬一样，濒临灭绝。我每次拜读诏书，对军事行动朝廷绝不干预。但愿把这个精神贯彻到底，凡事都交由我全权处理，临事应变，不失军机。"

起初，窦妙被册封为皇后，陈蕃曾经尽过力量。等到窦妙当上太后，临朝主持朝政时，就把大小政事全部交付陈蕃。陈蕃和窦武同心合力，辅佐皇室，征召天下闻名的贤才李膺、杜密、尹勋、刘瑜等人，都进入朝廷，共同参与朝廷政事。于是，天下的士人，无不伸长脖子殷切盼望太平盛世的来临。然而，灵帝的奶妈赵娆跟女尚书们，早晚都守候在窦太后身边，和中常侍曹节、王甫等人互相勾结，奉承窦太后。于是，得到窦太后的宠信，多次颁布诏书，封爵拜官。陈蕃、窦武对此深为痛恨。有一次，在朝堂上共同商议朝廷政事，陈蕃私下对窦武说："曹节、王甫等人，从先帝时起，就操纵国家大权，扰乱天下，今天如果不杀掉他们，将来更难下手。"窦武也很同意陈蕃的意见。陈蕃大为高兴，用手推席起身。于是，窦武便和志同道合的尚书令尹勋等人，共同制定计策。

正好遇上发生日食的灾变，陈蕃对窦武说："过去，萧望之困在一个石显手里，何况今天有数十个石显！我今年已八十岁，只想帮助将军铲除祸害。正可抓住发生日食这个机会，斥退废黜宦官，来消除天象变异。"于是窦武禀告太后说："按照旧日的典章制度，黄门、常侍只在宫内供职，负责管理门户，保管宫廷财物。而今却教他们参与朝廷政事，掌握重要权力，家人子弟，布满天下，专门贪赃暴虐。天下舆论沸腾，正是为了这个缘故，应该将他们全部诛杀或废黜，以肃清朝廷。"窦太后吃惊地说："自从汉王朝建立以来，按照旧日的典章制度，世世代代都有宦官，只应当诛杀其中犯法有罪的，怎么能够将他们全都消灭？"当时，中常侍管霸，很有才能和谋略，在禁宫独断专行。窦武请准窦太后，先行逮捕管霸，以及中常侍苏康等，都坐罪处死。窦武又多次向窦太后请求诛杀曹节等，窦太后犹豫不决，不忍批准，所以，便把事情拖延下去。于是陈蕃又上书说："而今京都洛阳人心不安，道路喧哗，传言侯览、曹节、公乘昕、王甫、郑疯等和赵妖、尚书们共同扰乱天下。凡是依附和服从他们的人升官进爵，违背和抗拒他们的人中伤陷害。举朝的文武官员，好像河水中漂流的树木一样，一会儿漂到东，一会儿漂到西，只知道贪图俸禄，畏惧权势。陛下如果现在不迅速诛杀此辈，一定会发生变乱，危害国家，灾祸难以预计。请求把这份奏章宣示左右，并令天下的奸佞们都知道我对他们深恶痛绝。"窦太后不肯采纳。

同月，金星侵犯房宿上将星，深入太微星座。侍中刘瑜一向精于天文，对上述天象感到厌恶，于是向窦太后上书说："根据《占书》，天上有此星象，宫门应当关闭，将对将相不利，奸人近在咫尺，但愿紧急防备。"同时，又写信警告窦武、陈蕃，指出星辰错乱，对大臣不利，应该迅速确定大计。于是窦武、陈蕃任命朱寓为司隶校尉，刘为河南尹，虞祁为洛阳县令。窦武奏准将黄门令魏彪免官，任命所亲信的小黄门山冰接替。然后由山冰出面，弹劾和逮捕长乐尚书郑飒，送往北寺监狱囚禁。陈蕃对窦武说："对于这批家伙，抓住便应当场诛杀，还用审问？"窦武没有听从，命山冰、尹勋、侍御史祝共同审问郑飒。郑飒在供词中牵连到曹节、王甫。

尹勋、山冰根据郑飒的口供，立即奏请窦太后准予逮捕曹节等人，奏章交由刘瑜呈递。

九月辛亥（初七），窦武休假，出宫回家住宿。负责主管奏章的宦官得到消息，先行报告长乐五官史朱，朱秘密拆阅窦武的奏章，诟骂说："宦官放任犯罪，自然可以诛杀，可是我们又有什么罪过，却应当全都遭到灭族？"因而大声呼喊说："陈蕃、窦武奏请皇太后废黜皇帝，大逆不道！"便连夜召集一向亲近的健壮宦官、长乐从官史共普、张亮等十七人歃血共同盟誓，合谋诛杀窦武等人。曹节急忙向灵帝报告说："外面情况紧急，请陛下赶快登上德阳前殿。"并且，教灵帝拔出佩剑，做出欢欣奋起的模样，派奶妈赵娆等在灵帝左右保护，收取符信，关闭宫门，召唤尚书台官属，用利刃威胁，命他们撰写诏书，任命王甫为黄门令，持节到北寺监狱，逮捕尹勋、山冰。山冰怀疑诏书不是真的，拒不受诏，王甫格杀山冰，接着又杀死尹勋，将郑飒释放出狱。随后，王甫又率领卫士回宫，劫持窦太后，夺取皇帝的玺印。命中谒者守卫南宫，紧闭宫门，切断通往北宫的复道。派郑飒等持节，率领侍御史、谒者，逮捕窦武等人。窦武拒不受诏，投奔步兵校尉军营，跟他的侄儿、步兵校尉窦绍，共同射杀使者。召集会合北军五校尉营将士数千人，进屯都亭，对军士下令说："黄门、中常侍谋反，努力作战的人封侯、重赏。"陈蕃听到事变，率领他的部属官员和学生门徒八十余人，个人拔出刀剑，闯入承明门，一直走到尚书台门前，振臂大声呼喊说："大将军忠心卫国，黄门反叛，为何反说窦武大逆不道？"当时，王甫出来，正好和陈蕃相遇，听见他的呼喊、斥责陈蕃说："先帝刚刚去世，修筑坟墓尚未竣工，窦武有什么功劳，兄弟父子三人同时赏财产累积上万，朝廷大臣这种行为，不是无道，又是什么？你是宰辅大臣，苟且互相结党，还去什么地方捉拿奸贼？"命令武士逮捕陈蕃，陈蕃拔剑斥责王甫，言辞和脸色都更加严厉。可是，武士终于把陈蕃拘捕，送到北寺监狱囚禁。黄门从官骑士用脚踢着陈蕃得意扬扬地说："死老精怪，还能不能裁减我们的人员数目，克扣我们的俸禄和借贷？"并于当天在狱中将陈蕃杀死。这时，护匈奴中郎将张奂正好被召回京都洛阳。曹节等人因张奂新到，不了解政变的内幕。于是假传皇帝圣旨，擢升少府周靖为行车骑将军、加节和张奂率领五校尉营留下的将士前往讨伐窦武。此时，天已微明，王甫率领虎贲武士、羽林军等共计一千余人，出朱雀掖门布防，跟张奂等会合。不久，全部抵达宫廷正门，和窦武对阵。这样，王甫的兵力渐盛，他教士兵向窦武军队大声呼喊："窦武谋反，你们都是皇帝的警备部队，应当保卫皇宫，为什么追随谋反的人？先投降的有赏！"北军五营校尉府的官兵，一向畏惧归顺宦官，于是窦武的军队开始有人投奔王甫，从清晨到早饭时几乎全部归降。窦武、窦绍被迫逃走，各路军队追捕包围，他们两人都自杀身亡，被砍下人头悬挂在洛阳都亭示众。紧接着，又大肆搜捕窦武的亲族、宾客、姻戚，全部加以诛杀。侍中刘瑜、屯骑校尉冯述，被屠灭全族。宦官又诬陷虎贲中郎将河间国人刘淑，前尚书会稽郡人魏郎，说他俩和窦武等人通谋，他俩也都自杀。将窦太后迁到南宫，把窦武的家属放逐到日南郡。从三公、九卿以下，凡是陈蕃、窦武所推荐的官员以及他们的学生门徒和过去的部属，全都免官，从此不许再出来做官。议郎、勃海郡人巴肃开始时参与窦武共同密谋，曹节等人不知道，只是坐罪禁锢不许再做官，后来才被发现，于是，下令逮捕巴肃。巴肃自己乘车来到县廷，县令见到巴肃以后迎到后阁，解下县令印信，打算和巴肃一起逃走。巴肃说："做臣下的，有谋略不敢隐藏，有罪过不敢逃避刑罚，既然没有隐藏谋略，又怎么敢逃避应得的刑罚？"便被诛杀。

曹节升任长乐卫尉，封为育阳侯。王甫升任中常侍，仍照旧兼任黄门令。朱、共普、张亮等六人，都封为列侯。另外，还有十一人封为关内侯。于是，一群小人得志，士大夫们都垂头丧气。

陈蕃的朋友、陈留郡人朱震，收殓埋葬陈蕃的尸体，把陈蕃的儿子陈逸秘密藏匿起来。事情被发觉以后，朱震全家被捕，男女老幼都被戴上刑具。朱震虽遭严刑拷打，誓死不肯吐露真情，陈逸因此得以逃命。窦武大将军府的掾吏、桂阳郡人胡腾收殓殡葬窦武的尸体，为窦武吊丧，受到禁锢，不许做官的处分；窦武的孙子窦辅，年仅二岁，胡腾将他冒充是自己的儿子，跟大将军府令史、南阳郡人张敞把他藏到零陵郡境内，也得以逃命。

点评：

汉桓帝一生崇尚佛、道，沉湎于女色。信任宦官，察举非人，时人讥为"举秀才，不知书；举孝廉，父别居"。东汉王朝自此江河日下，濒于灭亡。

二、羌族反叛

灵帝将母亲董贵人从河间国迎接到京都洛阳。三月乙巳（初三），尊董贵人为孝仁皇后，住永乐宫。任命董贵人的哥哥董宠为执金吾，侄儿董重为五官中郎将。

夏季，四月壬辰（二十一日），金銮宝殿的皇帝御座上发现一条青蛇。癸巳（二十二日），刮大风，降冰雹，雷霆霹雳，拔起大树一百余棵。灵帝下诏，命三公、九卿以下官员，每人各呈密封奏章。大司农张奂上书说："过去，周公姬旦埋葬时，因违背礼制，上天震怒。而今窦武、陈蕃对国家一片忠贞，还没有得到朝廷公开的宽恕，天降怪异反常的事物，都是为此而发。应该迅速地收敛安葬他们，召回他们被放逐边郡的家属，因跟从他们受连坐而遭到禁锢的全部撤除。还有，皇太后虽然居住南宫，可是恩遇礼敬都不及时周到，朝廷大臣无人敢说，远近的人都很失望。应该思念大义，回报父母养育的亲恩。"灵帝深以为有理，询问中常侍们的意见，宦官们都大为反感，而灵帝又不能自作决定。张奂又与尚书刘猛等联名推荐王畅、李膺是担任三公的合适人选，曹节等人更加痛恨张奂等人多嘴，便让灵帝下诏严厉责备。张奂等人自动投入廷尉狱，请求囚禁，数日之后才被释放，但仍罚俸三个月赎罪。

郎中东郡人谢弼上呈密封奏章说："我曾经听说'蟒蛇毒蛇，女子征兆'，我认为，当初是皇太后在深宫之中决定迎立陛下的大计。《尚书》说：'父子兄弟，罪行不相连及'，窦姓家族的诛杀，岂能把罪过加到皇太后身上？如今被幽禁隔离在空宫之中，忧伤之情上感天心。万一发生措手不及的急病，陛下还有什么面目再见天下人？和帝不断绝窦太后的养育之恩，前世传为美谈。《礼记》上说：'作为谁的后嗣，就是谁的儿子'而今陛下承认桓帝为父，岂能不承认皇太后为母？盼望陛下仰慕虞舜孝顺的教化，回想《凯风》歌颂思念母亲的恩情。我又听说：'开国承家，不能任用小人。'而今功臣久在外面，没有得到封爵和增加薪俸，然而，陛下的奶妈却私下得到宠爱，享受很高的封爵。刮大风以及降冰雹，也都是由于这个缘故。还有，前太傅陈蕃毕生为王室尽力，竟被一群邪恶小人陷害，一旦被杀，全族灭绝，其酷刑滥罚，天下为之震惊。甚至连他的学生门徒以及过去的部署，都遭到贬谪放逐，禁锢不许做官。陈蕃已经死去，即令一百条生命也不能赎他生还。应该将他的家属召回京都洛阳，解除禁令。尚书令和太尉、司徒、司空都是社稷大臣，国家命脉所在。可是现在的四公，只有司空刘宠还能推行善政，其他三位都是无德食禄，招贼引寇之辈，必然发生鼎足折断，食物倾覆的凶事。正好趁着天降灾异，把他们全部罢免。征召前司王畅、长乐少府李膺等参与政事。差不多能使灾变消除，国运永昌。"灵帝左右近侍，对谢弼的建议非常痛恨，于是贬他出任广陵郡太守府的府丞。谢弼自动辞职，回到家乡。曹节的堂侄曹绍正担任东郡的郡太守，用其他的罪名逮捕谢弼，在监狱中把他严刑拷打而死。

灵帝向光禄勋杨赐询问有关蛇妖的事，杨赐上呈密封奏章说：

"祥瑞不会妄自降临，灾异也不会无故发生。君王心里有所思想，虽然没有形诸脸色，但金木水火土等五星已经为之推移，阴阳也都随之改变。君王的权威不能建立，就会发生龙蛇一类灾孽。《诗经》上说：'蟒蛇毒蛇，女子征兆。'只有请陛下思虑阳刚的道理，应该有内外之别，抑制皇后家族的权力，割舍娇妻艳妾的宠爱，则蛇变可以消失，祥瑞立刻就会出现。"杨赐是杨秉的儿子。

五月，太尉闻人袭、司空许栩都被免官。六月，任命司徒刘宠为太尉，擢升太常汝南人训为司徒，太仆长沙郡人刘嚣为司空。刘嚣一向阿谀奉承中常侍，所以才得以擢升到三公高位。

灵帝下诏，派遣谒者冯禅前往汉阳郡，说服残余的羌众投降。破羌将军段认为，春天是农耕季节，农夫布满田野，羌众即使暂时投降，地方官府也无能力供给他们的粮食，最后一定再次起兵为盗贼，不如趁他们空虚的时候纵兵出击，一定可以将他们赶尽杀绝。于是段亲自率军出征，挺进到离羌众所驻守的凡亭山四五十里的地方，派遣骑司马田晏、假司马夏育率领五千人作先锋，击破羌众的大营。羌众向东撤退，重新聚集在射虎谷，并且分兵把守射虎谷的上下门。段计划一举将他们全部歼灭，不许他们再溃散逃亡。秋季，七月，段派遣一千余人在西县用木柱结成栅栏，纵深二十步，长达四十里，进行遮挡。然后，分别派遣田晏、夏育率领兵士七千人，口中衔枚不许言语，乘夜攀登上西山，安营扎寨，挖凿壕沟，进到距羌众屯聚一里许的地方。又派遣司马张恺等率领三千人攀登上东山。这时，被羌众发觉。段因而和张恺分别由东山和西山纵兵夹击，大破羌众，追击到射虎谷的上下门和穷山深谷之中，势如破竹，斩杀叛羌酋长以下共一万九千余人。冯禅等所招降的四千人，被分别安置在安定、汉阳、陇西等三郡。于是，东羌诸部的叛乱全部被平定。段先后共经历一百八十次战役，斩杀三万八千余人，俘获各种家畜四十二万七千余头，用费四十四亿，军吏和士兵死亡四百余人。东汉朝廷改封段为新丰县侯，每年征收一万户人家的租税。

点评：

　　《尚书》说："天地是万物的父母。而人是万物的精灵。其中特别聪明的人，作为天子。天子是人民的父母。"蛮夷戎狄各族的气质虽然跟我们不一样，但趋利避害，乐生恶死，也跟我们是相同的。治理得法，则归顺服从；治理不得法，则背叛侵扰，自在道理之中。所以，从前圣明君王的为政，背叛则进行讨伐，归顺就进行安抚，把他们安置在四方极远的边疆地带，不使他们扰乱中原的礼义之邦而已。如果把他们当作草木禽兽，不区分善和恶，不辨别背叛和归顺，竟然都像割草似的将他们一律杀掉，岂是做人民父母的本意？况且羌族之所以起兵反叛，是由于不堪忍受郡县官府苛刻，而心中衔冤的缘故。而对于叛乱者，不能当时就加以诛杀，这是由于统帅将领都不是合适人选的缘故。假如派遣优秀的将领把他们驱逐到塞外，再选择优秀的文吏进行治理，则奔驰疆场的大臣，岂能再有机会用大肆杀戮去称心如意？如果治理不得法，即便是中原地区的汉民也会蜂拥而起，成为寇盗，又怎能把他们赶尽杀绝？所以，段这个将领，虽然克敌有功，但是，正人君子对他并不赞许。

三、"党锢之祸"

起初，李膺等虽然遭到废黜和禁锢，但天下的士族和文人都很尊敬他们，认为是朝廷政治恶浊，盼望能跟他们结交，唯恐不被他们接纳，而他们也互相赞誉，个人都有美号。称窦武、陈蕃、刘淑为"三君"，所谓君，说他们是一代宗师；李膺、荀翌、杜密、王畅、刘、魏郎、赵典、朱为"八俊"，所谓俊，说他们是一代英雄俊杰；郭泰、范滂、尹勋、巴肃以及南阳郡人宗慈、陈留郡人夏馥、汝南郡人蔡衍、泰山郡人羊陟为"八顾"，所谓顾，说他们是一代德行表率；张俭、翟超、岑、苑康以及山阳郡人刘表、汝南郡人陈翔、鲁国人孔昱、山阳郡人檀敷为"八及"，所谓及，说他们是一代导师；度尚、东平国人张邈、王孝、东郡人刘儒、泰山郡人胡母班、陈留郡人秦周、鲁国人蕃响、东莱郡人王章为"八厨"，所谓厨，说他们是一代舍财救人的侠士。后来，陈蕃、窦武掌握朝廷大权，重新举荐和提拔李膺等人。陈蕃、窦武被诛杀，李膺等人再度被废黜。

宦官们对李膺等人非常痛恨，所以皇帝每次颁布诏书，都要重申对党人的禁令。中常侍侯览对张俭的怨恨尤为厉害。侯览的同郡人朱并素来奸佞邪恶，曾被张俭抨击过，便秉承侯览的旨意，上书检举说，张俭和同郡二十四人，分别互起称号，共同结成朋党，企图危害国家，而张俭是他们的首领。灵帝下诏，命将朱并的姓名除掉，公布奏章，逮捕张俭等人。冬季，十月，大长秋曹节暗示有关官吏奏报："互相牵连结党的，有前司空虞放以及李膺、杜密、朱、荀翌、翟超、刘儒、范滂等，请交付州郡官府拷讯审问。"当时，灵帝年仅十四岁，问曹节说："什么叫作互相牵连结党？"曹节回答说："互相牵连结党，就是党人。"灵帝又问："党人有什么罪恶，一定要诛杀？"曹节又回答说："他们互相推举，结成朋党，准备有不轨行动。"灵帝又问："不轨行动，想干什么？"曹节回答说："打算推翻朝廷。"于是，灵帝便批准。

有人告诉李膺说："你应该逃走了。"李膺说："侍奉君王不辞艰难，犯罪不逃避刑罚，这是臣属的节操。我年已六十，生死有命，逃向何方？"便主动前往诏狱报到，被酷刑拷打而死。他的学生和过去的部属都被禁锢，不许再做官。侍御史蜀郡人景毅的儿子景顾是李膺的学生，因为在名籍上没有写他的名字，所以没有受到处罚。景毅感慨地说："我本来就认为李膺是一代贤才，所以才教儿子拜他为师，岂可以因为名籍上脱漏而苟且偷安？"便自己上书检举自己，免职回家。

汝南郡督邮吴导接到逮捕范滂的诏书，抵达征羌侯国时，紧闭驿站旅舍的屋门，抱着诏书伏在床上哭泣，全县的人都不知道发生了什么事情。范滂得到消息后说："一定是为我而来。"即自行到监狱报到。县令郭揖大吃一惊，把他接出来，解下印信，要跟范滂一道逃亡，说："天下大得很，你怎么偏偏到这个地方来？"范滂回答说："我死了，则灾祸停止，怎么敢因为我犯罪来连累你，而又使我的老母亲流离失所！"他的母亲来和他诀别，范滂告诉母亲说:"范仲博孝顺恭敬,足可供养您。我则跟从龙舒君归于九泉之下。生者和死者,都各得其所。只求您舍弃不能忍心的恩情,不要增加悲伤。"范仲博是范滂的弟弟。龙舒君是范滂的父亲,即已故的龙舒侯国宰相范显。母亲说:"你今天得以和李膺、杜密齐名,死有何恨!既已享有美名,又要盼望长寿,岂能双全?"范滂跪下,聆听母亲教诲,听完以后,再拜而别。临行时,回头对儿子说:"我想教你作恶,但恶不可作;教你行善,即我不作恶。"行路的人听见,无不感动流涕。

因党人案而死的共有一百余人,他们的妻子和儿女都被放逐到边郡。天下英雄豪杰以及有良好品行和道义的儒家学者,宦官一律把他们指控为党人。有私人怨恨的,也乘机争相陷害,甚至连瞪了一眼的小积怨,也滥被指控为党人。州郡官府秉承上司的旨意,有的人和党人从来没有牵连和瓜葛,也遭到惩处。因此而被处死、放逐、废黜、禁锢的人,又有六七百人之多。

郭泰听到党人相继惨死的消息,暗中悲恸地说:"《诗经》上说:'人才丧亡,国家危亡。'汉王朝行将灭亡,但不知道'乌鸦飞翔,停在谁家。'"郭泰虽然也喜爱评论人物的善恶是非,但从不危言耸听、苛刻评论,所以才能身处混浊的乱世,而没有遭到怨恨和灾祸。

张俭逃亡,困急窘迫,每当望见人家门户,便投奔请求收容。主人无不敬重他的声名和德行,宁愿冒着家破人亡的危险也要收容他。后来他辗转逃到东莱郡,住在李笃家里。外黄县令毛钦手持兵器来到李笃家中，李笃领着毛钦就座以后说："张俭是背负重罪的逃犯，我怎么会窝藏他！假如他真的在我这里，这人是有名的人士，您难道非捉拿他不可？"毛钦因而站起身来，抚摸着李笃的肩膀说："蘧伯玉以单独为君子而感到耻辱，你为何一个人专门获得仁义？"李笃回答说："而今就想和你分享，你已经获得了一半。"于是毛钦叹息告辞而去。李笃便引导张俭经由北海郡戏子然家，再进入渔阳郡，逃出塞外。张俭自逃亡以来，所投奔的人家，因为窝藏和收容他而被官府诛杀的有十余人，被牵连遭到逮捕和审问的几乎遍及全国，这些人的亲属也都同时被灭绝，甚至有的郡县因此而残破不堪。张俭和鲁国人孔褒是旧友，当他去投奔褒时，正好遇上孔褒不在家，孔褒的弟弟孔融年仅十六岁，把张俭藏匿在家。后来事情被泄露，张俭虽然得以逃走，但鲁国宰相将孔褒、孔融逮捕，送到监狱关押，不知道应该判处谁来坐罪？孔融说："接纳张俭并把他藏匿在家的是我孔融，应当由我坐罪。"孔褒说："张俭是来投奔我的，不是弟弟的罪过。"负责审讯的官吏征求他俩母亲的意见，母亲说："一家的事，由家长负责，罪在我身。"一家母子三人，争相赴死，郡县官府疑惑不能裁决，就上报朝廷。灵帝下诏，将孔褒诛杀抵罪。等到党禁解除以后张俭才返回家乡，后来又被朝廷任命为卫尉，去世时，享年八十四岁。当初，夏馥听到张俭逃亡的消息，叹息说："自己作孽，应由自己承当，却凭空去牵连善良的人。一人逃命，使万家遭受灾祸，何必活下去！"于是他把胡须剃光，改变外貌，逃入山林中，隐姓埋名，充当冶铸金属人家的佣工，亲自挖掘烟炭，形容憔悴，二三年，没有人知道他是谁。夏馥的弟弟夏静带着缣帛，追着要馈赠予他。夏馥不肯接受，并且对夏静说："你为什么带着灾祸来送给我？"党禁还没有解除，他便去世了。

起初，中常侍张让的父亲去世，棺柩运回颍川郡埋葬，虽然全郡的人几乎都来参加丧礼，但知名的人士却没有一个人前来，张让感到耻辱。只有陈单独前来吊丧。等到大肆诛杀党人，张让因为陈的缘故，曾出面保全和赦免了很多人。南阳郡人何一向和陈蕃、李膺友善，也在被搜捕之列。于是他就改名换姓，藏匿在南阳郡和汝南郡之间，与袁绍结为奔走患难之交。他经常私自进入京都洛阳，和袁绍一道合计商议，为陷入党人案的名士们寻求救援，为他们策划，想方设法使其逃亡或隐藏，所保全和免于灾祸的人很多。

东汉末年党人反对宦官的斗争是一次企图改良的行动，在客观上反映了广大人民的愿望。党人不畏强暴的精神激励着后人，并对后世产生了很大影响。他们那种"杀身以求仁"的气节为历代人们所推崇。

当初，太尉袁汤生有三个儿子：袁成、袁逢、袁隗。袁成生袁绍，袁逢生袁术。袁逢、袁隗都有声望，自幼便担任显要官职。当时，中常侍袁赦认为袁逢、袁隗出身宰相之家，又和他同姓，特别推崇和结纳作为自己的外援，所以袁姓家族以尊贵荣宠著称当世，非常富有奢侈，跟其他三公家族绝不相同。袁绍体格健壮，仪容庄重，喜爱结交天下名士，宾客们从四面八方前来归附于他，富人乘坐的有帘子的辎车，贱者乘坐的简陋小车，填满街巷，首尾相接。袁术也以侠义闻名当世。袁逢的堂侄袁闳少年时便有良好的品行，以耕种和读书为业，袁逢、袁隗多次馈赠于他，袁闳全不接受。袁闳眼看时局险恶昏乱，而袁姓家族富有贵盛，常对兄弟们叹息说："我们先祖的福禄，后世的子孙不能用德行保住，而竞相骄纵奢侈，与乱世争权夺利，这就会如晋国的三大夫一样。"等到党人之案爆发，袁闳本想逃到深山老林，但因母亲年老，不适宜远逃，于是在庭院里建筑了一间土屋，只有窗而没有门，饮食都从窗口递进。母亲思念儿子时，到窗口去看看他，母亲走后，就自己把窗口关闭，连兄弟和妻子儿女都不见面。一直隐身居住了十八年，最后在土屋中去世。

起初，范滂等非议和抨击朝廷政事。自三公、九卿以下文武官员，都降低自己的身份，对他恭敬备至。太学学生争先恐后地仰慕和学习他的风度，认为文献经典之学将再度兴起，隐居的士人将会重新得到重用。只有申屠蟠独自叹息说："过去，战国时代隐居的士人肆意议论国家大事，各国的国王甚至亲自为他们执帚扫除，作为前导，结果产生焚书坑儒的灾祸。这正是今天所面临的形势。"于是在梁国和砀县之间，再也见不到他的踪迹。他靠着大树，建筑一栋房屋，把自己变成佣工模样。大约居住了两年，范滂等果然遭受"党锢之祸"，只有申屠蟠超脱世事，才免遭抨击。

点评：

天下政治清明，正人君子在朝廷上扬眉吐气，依法惩治小人的罪过，没有人敢不服从。天下政治混乱，正人君子闭口不言，以躲避小人的陷害，尚且不能避免。党人生在政治昏暗混乱的时代，又不担任朝廷的高官显位，面对天下民怨沸腾，却打算用舆论去挽救。评论人物的善恶，斥恶奖善，这就犹如用手去撩拨毒蛇的头，用脚践踏老虎和豺狼的尾巴，以致自身遭受酷刑，灾祸牵连朋友。读书人被大批杀害，王朝也跟着覆亡，岂不可悲！其中只有郭泰最为明智，竟能择安去危，保全自身。申屠蟠见机行动，他的远见卓识，不是平常人所能赶得上的！

四、窦氏被灭

最初,中常侍张让府中有一位负责掌管家务的奴仆,威风和权势显赫。孟佗家资财产富足,跟这位奴仆结成好友。孟佗倾尽所有赠予他,对其他的家奴也都一样巴结奉承,毫不吝啬。因此,家奴们对他大为感激,问他希望得到什么?孟佗回答说:"我只希望你们向我一拜就足够了。"家奴们满口答应。当时,每天前往求见张让的宾客,车辆常常有数百甚至上千之多。有一天,孟佗也前往晋见,稍后才到达,车辆无法前进,于是那位奴仆总管率领他的属下奴仆前来迎接,就在路旁大礼参拜,引导孟佗车辆驶进大门。宾客们见此情景,全都大吃一惊,认为孟佗和张让的关系不同平常,便争相送给孟佗各种珍贵的玩赏物品。孟佗将这些馈赠的物品分送给张让,张让大为欢喜。由于这个缘故,于是任命孟佗为凉州刺史。

春季,正月甲子(初三),灵帝行成年加冠礼,大赦天下,只有党人不在赦免之列。

灵帝认为窦太后援立自己继承帝位有功,冬季,十月戊子朔(初一),他率领朝廷文武百官,前往南宫朝见窦太后,并亲自向窦太后进食和祝寿。因此,黄门令董萌多次为窦太后申诉冤枉,灵帝深为采纳,对于供养窦太后的财物,都比以前增加。曹节、王甫对此非常痛恨,于是诬告董萌诽谤灵帝母亲董太后,将董萌下狱处死。

春季,正月,灵帝前往光武帝原陵祭祀。司徒掾陈留郡人蔡邕说："我曾经听说，古代君王从不到墓前祭祀。皇帝有上陵举行墓祭的礼仪，最初认为可以减损。而今亲眼看到墓祭的威仪，体察它的本来用意，方才了解明帝的至孝隐衷，的确不能取消。有的礼仪似乎多余，但实际上是必不可少的，大概就是指此。"

窦太后的母亲于比景病故，窦太后过度忧伤，思念成疾。癸巳（初十），在南宫云台去世。因宦官们对窦姓家族积怨甚深，所以用运载衣服的车，把窦太后的尸体运到洛阳城南的市舍，停放数日后，曹节、王甫想用贵人的礼仪来埋葬窦太后。灵帝说："窦太后亲自拥立朕为皇帝，继承大业，怎么能用贵人的礼仪为她送终？"于是，仍按照皇太后的礼仪发丧。

曹节等人又打算将窦太后埋葬到别处，而把冯贵人的尸体移来和桓帝合葬。灵帝下诏，召集三公、九卿等文武百官，在朝堂上集会议论，命中常侍赵忠监督集议。当时，太尉李咸正卧病在床，挣扎着抱病上车，并且随身携带了毒药，临走时对妻子说："倘若皇太后不能随桓帝一同祭祀，我决不活着回家！"会议开始后，与会者数百人，互相观望了很久，没有人肯先发言。赵忠催促说："议案应当迅速确定！"廷尉陈球说："皇太后品德高尚，出身清白，以母仪治理天下，应该配享先帝，这是毫无疑问的。"赵忠笑着说："那就请陈廷尉赶快执笔起草议案。"陈球立即下笔写道："窦太后身处深宫之中，天赋聪明，兼备天下之母的仪容和品德。遭逢时世艰危，窦太后援立陛下为帝，继承皇家宗庙祭祀，功勋卓著。先帝去世后，不幸兴起大狱，窦太后被迁往空宫居住，过早离开人世。窦家虽然有罪，但事情并非太后主使发动。而今倘若改葬别处，确实使天下失望。并且冯贵人的坟墓曾经被盗贼发掘过，骨骸已经暴露，与贼寇尸骨混杂，灵魂蒙受污染。何况冯贵人对国家又没有任何功劳，怎么有资格配享至尊？"赵忠看完陈球起草的议案气得脸色大变，全身发抖，嗤笑说："陈廷尉起草的议案真好！"陈球回答说："陈蕃、窦武既已遭受冤枉，窦太后又无缘无故地被幽禁，我一直很痛心，天下之人无不愤慨叹息！今天，我既然已经把话说了出来，即使是会议之后遭到报复决不后悔，这正是我一向的愿望。"太尉李咸紧接着说："我原来就认为应该如此，陈廷尉的议案和我的意见完全相同。"于是三公、九卿以下的文武百官全都赞成陈球的意见。曹节、王甫仍继续争辩，他们说："梁皇后为先帝正妻，后因梁家犯恶逆大罪，将梁皇后别葬在懿陵。汉武帝废黜正妻卫皇后，而以李夫人配享。现在窦家罪恶如此深重，怎么能和先帝合葬？"太尉李咸又向灵帝上书说："我俯伏回想，章帝窦皇后陷害梁贵人，安帝阎皇后家犯恶逆大罪，然而和帝并没有提出将嫡母窦皇后改葬别处，顺帝也没有下诏贬降嫡母阎皇后。至于废黜卫皇后，那是武帝在世时亲自作出的决定，不可以用来相比。而今长乐太后一直拥有皇太后的尊号，又曾亲身临朝治理天下，况且援立陛下为帝，使皇位光大兴隆。皇太后既然把陛下当作儿子，陛下怎能不把皇太后当作母亲？儿子没有废黜母亲的，臣属没有贬谪君王的。所以应将窦太后与先帝合葬宣陵，一切都要遵从旧制。"灵帝看了奏章，完全采纳李咸的意见。秋季，七月甲寅

（初二），将窦太后安葬在宣陵，谥号为桓思皇后。

有人在朱雀门上书写："天下大乱，曹节、王甫幽禁谋杀太后，三公、九卿，空受俸禄而不治事，没有人敢说忠言。"灵帝下诏，命司隶校尉刘猛负责追查搜捕，每十天作一次汇报。刘猛认为所书写的话与实际情况相符，因此不肯加紧搜捕。过了一个月有余，仍然没有搜捕到书写的人犯。刘猛因此坐罪，被贬为谏议大夫，又任命御史中丞段接替刘猛。于是段派人四出追查搜捕，包括在太学游学的学生在内，逮捕和关押的有一千余人。曹节等人又指使段寻找别的借口弹劾刘猛，判处将他遣送到左校营罚服苦役。

最初，前司隶校尉王寓依靠宦官的势力，曾请求太常张奂推荐，被张奂拒绝。王寓便诬陷张奂为党人，使他遭受禁锢，不许做官。而张奂跟段之间曾经因对西羌战争有过争执，互相怨恨不平。所以段担任司隶校尉以后，打算把张奂驱逐到敦煌郡，然后加以杀害。后因张奂向段写信苦苦哀求，才幸免于难。

当初，魏郡人李担任司隶校尉，因为从前的怨恨而杀害左扶风人苏谦。苏谦的儿子苏不韦将父亲的尸体浅埋在地面上，不肯入土下葬。然后，改名换姓，结交宾客，决心为父报仇。稍后，李擢升为大司农，苏不韦躲藏在草料库中，挖掘地道，一直通到李的卧室，杀死李的妾和幼儿。李十分恐惧，用木板遍铺地面，一夜之间搬动九次。苏不韦又挖掘李父亲的坟墓，砍下死尸的头，悬挂到集市上。李请求官府派人缉捕，未能抓获，他愤恨以极，竟至吐血而死。后来，苏不韦遇到朝廷颁布赦令，才敢回到家乡，安葬父亲，举行丧礼。张奂一向和苏家和睦，而段和李亲善。段延聘苏不韦为司隶从事，苏不韦感到恐惧，声称有病不肯就职。段勃然大怒，派遣从事张贤在苏家将苏不韦杀死。行前，段先将一杯毒酒交给张贤的父亲，并且威胁他说："如果张贤此去杀不了苏不韦，你就把这杯毒酒喝下去！"张贤便逮捕苏不韦，连同他的一家共六十余人全都杀死。

勃海王刘悝当初被贬为瘿陶王时，请托中常侍王甫游说桓帝，如果能够恢复原来的封国，愿送给五千万钱作为谢礼。不久，桓帝去世，遗诏恢复刘悝原来的封国。刘悝知道这不是王甫的功劳，因此不肯送给王甫这笔谢钱。中常侍郑飒、中黄门董腾经常和勃海王刘悝来往，王甫秘密派人监督，将情况告诉段。冬季，十月，逮捕郑飒，羁押北寺监狱。王甫又指使尚书令廉忠诬告说："郑飒等人阴谋迎立勃海王刘悝当皇帝，大逆不道。"于是灵帝下诏，命冀州刺史逮捕刘悝，就地审问核实，责令他自杀。刘悝的妃妾十一人、子女七十人，歌舞伎二十四人，全都死在狱中。封国太傅、宰相以下官吏，全都伏诛。王甫等十二人都因此有功被朝廷封为列侯。

点评：

窦武为人正直，陈蕃劝其诛除大宦官曹节、王甫等为天下除害。但窦太后却以宦官对其有恩而不忍戮之。窦武奈何，只得暂时作罢。曹节等则蓄势反扑，矫诏劫持太后，诛贤臣陈蕃，窦武也被迫于家中自杀。

从此，东汉陷入更黑暗更绝望的深渊。

五、宦官专权

春季，三月，灵帝下诏，命儒学大师们校正《五经》文字，命议郎蔡邕用古文、大篆、隶书三种字体书写，刻在石碑上，竖立在太学门外，使后来的儒生晚辈，都以此作为标准。石碑刚竖立时，坐车前来观看以及临摹和抄写的，每天有一千余辆之多，填满大街小巷。

最初，朝廷集议，因州郡之间互相勾结，徇私舞弊，于是制定法律，规定有婚姻关系的家庭以及两州的人士，不得互相担任负责督察对方的上官。到现在，更制定"三互法"，禁忌更加严密，朝廷选用州郡等地方官员时非常艰难。所以，幽州、冀州的刺史职位空缺很久，一直找不到合适的人选来接任。于是蔡邕上书说：

"我俯伏观察，幽州、冀州故土，本来是盛产铠甲和骑马的地方，连年以来，遭受兵灾和饥馑，逐渐使得两州的物力和财力损耗殆尽。而今两州刺史职位长期空缺，官吏和人民都延颈盼望。可是三公推荐的人选，却长期不能确定。我深感奇怪，打听原因何在，据有关官吏回答说，是为了避免'三互法'。其他十一州也都同样存在禁止'三互法'的问题，非独这两州应当禁止而已。此外，这两州的人士，有的又因受年资的限制狐疑不定，拖延时间。结果，使两州刺史的职位长期空缺，万里疆域一片萧条，没有人去管理。我认为，'三互法'不过是最轻微的禁令。而今只要利用朝廷的权威，申明国家的法令，即使是两州的人士互相交换担任刺史尚且畏惧，不敢结党营私，何况还有'三互法'的限制，又有什么嫌疑？过去，韩安国拔起于囚徒之中，朱买臣出身于微贱家庭，都是因为他们的才能胜任，才被派回他们出身的本郡、本封国为官，难道还要顾及'三互法'的禁忌，受这种非根本制度的束缚？我希望陛下对上效法先帝，撤销最近制定的'三互法'禁令，对于各州刺史，凡是才能可以胜任的，应该及时任命和调换，不再受年资、'三互法'的限制，使之成为定制。"

但是，朝廷不肯彩纳。

叔向曾经说过："国家行将灭亡，法令规章一定繁多。"圣明君王治理国家，谨慎选择忠良贤能加以任用。无论是对朝廷和地方的臣属，凡是有功的加以奖赏，有罪的则加以诛杀，没有任何偏袒。法令规章并不繁多，却能做到天下大治。为什么会如此？是因为抓住了治理国家的根本。等到国家行将衰败灭亡之时，文武百官不能选择合适的人才担任，各种禁令愈来愈多，防范措施也愈来愈严密。有功的因碍于条文得不到奖赏，作奸犯科的却巧妙地利用法律，得以免除诛杀，上下劳苦骚扰，天下反而大乱。为什么会如此？是因为治理国家舍本逐末的缘故。汉灵帝时，州刺史、郡太守贪婪暴虐，如狼似虎，残害人民，无以复加。然而，朝廷却还在严格遵守"三互法"的禁令，以防止官吏结党营私。现在回顾起来，岂不正好是一场笑话，应该深深地引为鉴戒。

闰月，永昌郡太守曹鸾上书说：

"所谓党人，有的是老年高德，有的是士大夫中的英俊贤才，都应该辅佐皇室,在陛下左右参与朝廷的重大决策。然而竟被长期禁锢,不许做官,甚至被驱逐到泥泞地带,备受羞辱。犯了谋反大逆的重罪,尚且能蒙陛下的赦免,党人又有什么罪过,独独不能受到宽恕?之所以灾异经常出现,水灾和旱灾接踵而至,原因都由于此。陛下应该赐下恩典,以符合上天的心意。"

灵帝看完奏章勃然大怒,立即下诏,命司隶和益州官府逮捕曹鸾,用囚车押到京都洛阳监禁,严刑拷打而死。于是灵帝又下诏各州、各郡官府,重新调查党人的学生门徒、旧时的部属、父亲、儿子、兄弟,凡是当官的,全都被免职,加以禁锢,不许再做官。这种处分,扩大到包括党人同一家族中五服之内的亲属。

灵帝下诏,命三公分别举奏苛刻酷虐和贪污的地方官员,一律将他们罢免。平原国宰相渔阳郡人阳球被指控为严刑酷罚,征召回京都洛阳,送往廷尉处治罪。灵帝因阳球从前担任九江郡太守时讨伐盗贼建立过功勋,特别下令将他赦免,任命他为议郎。

起初,灵帝喜好文学创作,自己撰写《皇羲篇》五十章,遴选太学中能创作辞赋的学生,集中到鸿都门下,等待灵帝的诏令。后来,善于起草诏书和擅长书写鸟篆的人,也都加以征召引见,便达到数十人之多。侍中祭酒乐松、贾护,又引荐了许多没有品行,趋炎附势之徒,夹杂在他们中间。每当灵帝召见时,喜欢说一些民间街头巷尾的琐碎趣事,灵帝非常喜悦,于是不按照通常的次序,往往对他们越级擢升。而灵帝很久没有亲自前往宗庙祭祀祖宗,到郊外祭祀天地。正好遇到灵帝下诏,命朝廷文武百官分别上书陈述施政的要领，于是蔡邕上密封奏章说：

"迎接四季节气于五郊，到宗庙去祭祀祖宗，在太学举行养老之礼，都是皇帝的重大事情，受到祖宗们的重视。可是有关官吏却多次借口血缘关系已经非常疏远的王、侯们的丧事，或者皇宫内妇女生小孩，以及吏卒患病或死亡，而停止举行这些大典。结果，忘却了礼敬天地神明和祖宗这一类大事，专门听信那些禁忌之书，拘泥于小事，以致减损和毁坏国家大典。从今以后，一切斋戒制度都应恢复正常，以平息上天震怒和妖异灾变。此外，古代朝廷任用官员，总是命令各国诸侯定期向天子推荐。到汉武帝时期，除了由每郡官府推荐孝廉以外，还遴选贤良、文学等科目的人才，于是著名的大臣不断出现，文官武吏都很兴盛。汉王朝遴选国家官吏，也只不过是通过这几个渠道而已。至于书法、绘画、辞赋，不过是小小的才能，对于匡正国家，治理政事，则无能为力。陛下即位初期，先行涉猎儒家经学，在处理朝廷政事的空暇时间，观看文学作品，不过是用来代替赌博、下棋，当作消遣而已，并不是把它作为教化风俗和遴选人才的标准。然而，太学的学生们竞相贪图名利，写作的人情绪沸腾。其中高雅的，还能引用儒家经书中有益教化的言论；而庸俗的，却通篇是俚语俗话，好像艺人的戏文；有些人甚至抄袭别人的文章，或冒充别人的姓名。我每次在盛化门接受诏书，看到对他们分别等级一一录用，其中一些实在不够格的人，也都追随他们的后面，得到任命或擢升。恩典既已赏赐，难以重新收回更改，准许他们领取俸禄，已是宽宏大量，不能再任命他们做官，或者派遣他们到州郡官府任职。过去，汉宣帝在石渠阁会聚诸儒，汉章帝在白虎观集中经学博士，统一对经书的解释，这是非常美好的大事，周文王、武王的圣王大道，应该遵从去做。倘若是小的才能、小的善行，虽然也有它的价值，但正如孔丘所认为的那样，从长远的观点观察却行不通。所以，正人君子应当追求远大的目标。还有，不久之前，陛下把'宣陵孝子'一律任命他们为太子舍人。我曾经听说过，汉文帝规定，服丧只需三十六日，即令是继承帝位的皇帝，又是父子至亲，以及身受重恩的三公、九卿等文武大臣，都要克制自己的感情，遵守这项制度，不得超越。而今这批弄虚作假的市井小人，跟先帝并非骨肉之亲，既没有受过先帝的厚恩，又没有享受过官位和俸禄，他们的孝心，从道理上说没有任何依据。甚至有一些为非作歹的人，也乘机混到里面。窦太后的棺柩抬上丧车时，东郡有一位犯通奸罪的逃亡犯混进孝子行列之中，幸而被原籍的县府追查逮捕，他才服罪。像这一类弄虚作假的肮脏行径，难以胜数。皇太子的属官，应该挑选有美德的人士担任，岂能专门录用坟墓旁的凶恶丑陋之徒？这种不吉祥的征兆，没有比它更大的了。应该把他们都遣归故乡，以便辨明诈骗和虚伪的奸佞小人。"

奏章呈上去后，于是灵帝亲自到北郊举行迎接节气的祭祀以及前往太学主持典礼。又下诏，凡是"宣陵孝子"被任命为太子舍人的一律改任县级丞、尉。

护乌桓校尉夏育上书说：

"鲜卑侵犯边界，自春季以来，已经发动了三十余次进攻。请求征调幽州各郡的郡兵出塞进行反击，只需经过一个冬季、两个春季，一定能够将他们完全擒获歼灭。"

在此之前，护羌校尉田晏因事坐罪判刑，受到恕免，打算立功报答朝廷；于是请托中常侍王甫，请求朝廷准许他为将，率军出击。因此，王甫极力主张派兵和夏育联合进军，讨伐鲜卑。灵帝便任命田晏为破鲜卑中郎将。可是大臣多半反对派兵，于是召集文武百官在朝常上集议。

蔡邕发表意见说："征讨外族，由来久远。然而时间有同有异，形势有可有不可，所以谋略有得有失，事情有成功有失败，不能等量齐观。以汉武帝的神明威武，将帅优良勇猛，财物军赋都很充实，开拓的疆土广袤辽远，然而经过数十年的时间，官府和人民都陷于贫困，尚且深感后悔。何况今天，人财两缺，和过去相比国力又处于劣势！自从匈奴向远方逃走以后，鲜卑日益强盛，占据了匈奴汗国的故土，号称拥有十万军队，士卒精锐勇健，智谋层出不穷。加上边关要塞并不严密，法网禁令多有疏漏，各种精炼的金属和优良的铁器，都外流到敌人手里。汉族人中的逃犯成为他们的智囊。他们的兵器锐利，战马迅疾，都已超过了匈奴。过去，段是一代良将，熟悉军旅，骁勇善战。然而，对西羌的战事，仍持续了十余年之久。而今夏育、田晏才能和谋略未必超过段，而鲜卑民众的势力却不弱于以往。竟然凭空提出两年的灭敌计划，自认为可以成功。倘若兵连祸结，就不能中途停止，不得不继续征兵增援，不断转运粮秣，结果为了全力对付蛮夷各族，使内地虚耗殆尽。边疆的祸患，不过是生在手脚上的疥癣一类的小患，内地困顿，才是生在胸背上毒疮一类的大患。而今郡县的盗贼尚且无法禁止，怎能使强大的外族降服？过去，高帝忍受平城失败的羞耻，吕太后忍受匈奴单于傲慢书信的侮辱，和今天相比，哪个时代强盛？上天设置山河，秦王朝修筑长城，汉王朝建立关塞亭障，用意就在于隔离内地和边疆，使不同风俗习惯的民族远远分开。只要国家内地没有紧迫和忧患的事就可以了，岂能和那种昆虫、蚂蚁一样的野蛮人计较长短？即使能把他们打败，又岂能把他们歼灭干净，使朝廷高枕无忧？过去，淮南王刘安劝阻讨伐闽越王国时说过：'如果闽越王国冒死迎战，打柴和驾车的士卒只要有一个受到伤害，虽然砍下闽越国王的人头，还是为大汉王朝感到羞耻。'而竟打算把内地的人民和边疆的外族等量齐观，将皇帝的威严受辱于边民，即便能像夏育、田晏所说的那样，尚且仍有危机，何况得失成败又不可预料？"

灵帝不肯听从。八月，派遣夏育大军出高柳，田晏大军出云中，匈奴中郎将臧率领南匈奴屠特若尸逐就单于出雁门，各率骑兵一万余人，分三路出塞，深入鲜卑国土二千余里。鲜卑酋长檀石槐命令东、中、西等三部大人各率领部众迎战。夏育等人遭到惨败，甚至连符节和辎重全都丧失，各人只率领骑兵数十人逃命奔回，死去的士卒占十分之七八。夏育、田晏、臧等三位将领被装入囚车，押回京都洛阳，关进监狱，后用钱赎罪，贬为平民百姓。

点评：

宦官专权，在全国实行独裁统治。只要对他们稍有不满，他们就诬告陷害，或流放禁锢，或罢官下狱，或杀身灭族，无所不用其极。

六、蔡邕被贬

辽西郡太守甘陵国人赵苞到任之后,派人到故乡迎接母亲和妻子,将到辽西郡城时,路上经过柳城,正遇到鲜卑一万余人侵入边塞劫掠,赵苞的母亲和妻子全被劫持作为人质,用车载着她们来攻打辽西郡城。赵苞率领骑兵二万人布阵迎战,鲜卑在阵前推出赵苞的母亲给赵苞看,赵苞悲痛号哭,对母亲说:"当儿子的罪恶实在不可名状,本来打算用微薄的俸禄早晚在您左右供养,想不到反而为您招来大祸。过去我是您的儿子,现在我是朝廷的大臣,大义不能顾及私恩,自毁忠节,只有拼死一战,否则没有别的办法来弥补我的罪恶。"母亲远望着嘱咐他说:"我儿,个人生死有命,怎能为了顾及我而亏损忠义?你应该尽力去做。"于是赵苞立即下令出击,鲜卑全被摧毁攻破,可是他的母亲和妻子也被鲜卑杀害。赵苞上奏朝廷,请求护送母亲、妻子的棺柩回故乡安葬。灵帝派遣使节前往吊丧和慰问,封赵苞为侯。赵苞将母亲、妻子安葬已毕,对他家乡的人们说:"食朝廷的俸禄而逃避灾难,不是忠臣;杀了母亲而保全忠义,不是孝子。如此,我还有什么脸面活在人世?"便吐血而死。

设立鸿都门学校,学生全都命各州、郡、三公推荐征召,有的被任命出任州刺史、郡太守,有的入皇宫担任尚书、侍中,有的被封为侯,有的被赐予关内侯以下的爵称。有志操和有学问的人,都以和这些人为伍而感到羞耻。

六月丁丑（二十九日），有一道黑气从天而降，坠落到灵帝常去的温德殿东侧庭院中，长十余丈，好像一条黑龙。

秋季，七月壬子，南宫玉堂后殿庭院中发现青色彩虹。灵帝下诏，召集光禄大夫杨赐等人到金商门，向他们询问天降灾异的原因以及消除的方法。

杨赐回答："《春秋谶》书上说：'天上投下彩虹，天下怨恨，海内大乱。'再加上四百岁的周期，将要来到，而今妃嫔、侍妾以及宦官之辈共同专断国家朝政，欺罔帝王臣民。还有在鸿都门下招集一群小人，依靠写作辞赋，受到宠爱，互相推荐，不出十天到一月的时间内，每个人都得到越级提拔和擢升。乐松担任了侍中的职务，任芝做了尚书的官职，俭、梁鹄都受到封为高爵和越级提拔的荣宠。而今却令士大夫们屈身乡村田野，口中朗诵唐尧、虞舜的言论，亲自实践超出世俗之上的行为，而他们却被遗弃在水沟山谷，不能把才能贡献给国家。这是一种帽子和鞋子颠倒穿戴，山陵和深谷交换位置的反常现象。幸赖上天降下灾异，谴告陛下。《周书》说：'天子遇见怪异则反省恩德，诸侯遇见怪异则反省政事，卿、大夫遇见怪异则反省是否尽忠职守，士、庶民遇见怪异则反省自己的言论和行为。'所以只有请陛下斥退和疏远奸佞的臣属，迅速征召品德高尚，言行一致，被世人所称道的人士，断绝假传圣旨的渠道，停止没有节制的娱乐游戏，才能希望上天平息愤怒，各种灾异才能消除。"

议郎蔡邕上书："我俯伏思念各种灾异，都是亡国之怪。只国为上天对汉王朝仍有旧情，所以屡次显示妖孽变异的反常现象作为警告和谴责，希望让人君感动悔悟，远离危险，转向平安。而今青虹下坠，母鸡变成公鸡，都是妇人干涉朝政的结果。从前乳母赵娆位尊权重，闻名全国，谗害忠良，谄媚求宠，骄纵横溢。接着是永乐门史霍玉依仗国家的权势，作奸犯科。而今道路上纷纷传言，又说宫内出了一位程大人，看他的声势，将要成为国家的祸患。应该高筑堤防，明白设置禁令，以赵娆、霍玉作为最深刻的鉴戒。现在的太尉张颢是霍玉推荐引进的；光禄勋伟璋是有名的贪官，还有长水校尉赵、屯骑校尉盖升，都同时得到宠幸，享尽荣华富贵。应该顾念小人在位的灾祸，退而思考抽身让贤的福佑。我曾见到廷尉郭禧忠纯笃厚，年高有德；光禄大夫桥玄聪明通达，端平正直；前太尉刘宠忠诚老实，笃守正道，都应该成为主谋的人，陛下应该多向他们征求意见。宰相等三公大臣是君王的四肢，应该委以重任，责令他们成功，优劣既已分明，不应该再听信小吏的谗言，罗织大臣的罪状。同时，宫廷百工技艺的制作，鸿都门学校创作辞赋的篇章，似乎应该暂时停止，以表示专心国家的忧患。出任州刺史、郡太守的孝廉，本是读书人中的优秀人才，近来因推荐征召不当，又下诏严辞谴责三公。而今都只因为写了一篇小文章便得越级提拔，因而大开请托之门，违背圣明君王的典章制度，众心不服，没有人敢说出来。我希望陛下忍痛割舍，专心致志治理国家大事，以报答上天的厚望。陛下既亲自带头约束限制，左右亲近的大臣也应当跟着效法，上下人人谦卑，以堵塞灾祸的警戒，则上天将把灾祸惩罚骄傲自满的人，鬼神将把福佑赏赐谦卑的人。君王和臣属之间，如果说话不能严守秘密，则君王将会受到泄露言语的指责，臣属将有遭到丧失生命的大祸。请陛下千万不要泄露我的奏章，以免尽忠的官吏遭到奸佞邪恶的怨恨和报复。"

奏章呈上去后，灵帝一边观看，一边叹息。后因灵帝起身更换衣服，曹节在后面偷偷观看，把内容全告诉他左右的人，事情被泄露出去。其中被蔡邕提出要制裁和废黜的人，都对他恨之入骨，图谋报复。

当初，蔡邕和大鸿胪刘一向互相不服。蔡邕的叔父卫尉蔡质又和将作大匠阳球有怨恨。而阳球正是中常侍程璜的女婿。于是程璜便唆使别人用匿名信诬告说："蔡邕、蔡质多次因私事请托刘，都被刘拒绝，因此蔡邕怀恨在心，蓄意打算中伤刘。"于是灵帝下诏，命尚书召唤蔡邕质问情况。蔡邕上书说："我实在愚昧而又憨直，完全没有顾及到日后的祸害，陛下不垂怜忠臣直言的苦心，应该加以掩蔽和保护，诽谤一旦出现，便对我产生怀疑和责怪。我今年已有四十六岁，孑然一身，孤立无援，得以寄托忠臣而显名，虽然身死也有余荣，但恐怕陛下从此再也不能听到真实的言语。"结果，逮捕蔡邕、蔡质，关押到洛阳监狱。有关官吏弹劾他俩说："公报私仇，企图伤害大臣，犯了大不敬的罪，应绑赴街市斩首示众。"奏报上去后，中常侍、河南尹人吕强，怜悯蔡邕无辜冤枉，竭力为他求情，灵帝也重新回想蔡邕的密封奏章，下诏说："减死罪一等，和家属一道全都剃去头发，用铁圈束颈，贬逐到朔方郡，即使遇到赦令也不得赦免。"阳球一路上接连派出刺客，追赶和刺杀蔡邕，所有的刺客都为蔡邕的大义所感动，不肯听命。阳球又贿赂并州刺史、朔方郡太守，命他们下毒手杀害，并州刺史、朔方郡太守反将实情告诉蔡邕，让他戒备，蔡邕这才得以死里逃生。

点评：

蔡邕为人正直，对于一些不好的现象，他总是敢于对灵帝直言相谏。这样，他顶撞灵帝的次数多了，灵帝渐渐讨厌起他来。灵帝身边的宦官也对他的正直又恨又怕，常常在灵帝面前进谗言说他目无皇上，骄傲自大，早晚会有谋反的可能，蔡邕最终受到迫害。

七、党人解锢

尚书卢植上书：

"凡是遭朝廷禁锢的党人，多数没有犯罪，应加赦免和宽恕，使他们的冤枉得到昭雪。宋皇后的家属都以无辜受罪，抛弃骨骸，尸首纵横，不能得到收殓埋葬，应该准予收拾掩埋，使游魂得到安宁。郡太守、州刺史一个月内往往调动数次，应该按照正常的升进和黜退制度，考核他们能否胜任，即令不能任满九年，至少也应任满三年。私人请托，一律应该禁止，推荐和选举人才，应该责成主管官吏负责。天子以国为家，按照道理不能有私人的积蓄，应该放眼国家大事，忽略细微末节。"

灵帝不理。灵帝下诏，命中尚方官署为鸿都门的文学之士乐松、江览等三十二人，各画一张肖像，分别配上赞美的言辞，作为对后学晚辈的劝告和勉励。

尚书令阳球上书劝阻说："我查考乐松、江览等人都出身微贱，不过是才识短浅的斗筲小人，依靠和皇室世代有婚姻关系的国戚，依附和请托有权势的豪门，看人眼色，阿谀奉承，侥幸得以上进。有的呈献一篇辞赋，有的写出满简的鸟篆，竟然被擢升为郎中，还要用丹青画像。也有一个字没写，一句辞不会作，完全请别人代替，怪诞诈伪，花样百出，可是全都蒙受特殊的恩典，好像鸣蝉脱壳一样，从微贱的地位中解脱出来。以致有见识的人无不对此掩口而笑，天下一片嗟叹之声。我听说之所以设立画像，是为了表示劝勉告诫，希望君主的举动能够借鉴前人的得失成败，却从来没有听说竖子小人们弄虚作假，写作了几篇歌颂文章，就可以妄自窃取高官厚禄，并且在素帛上留下画像。而今有太学、东观这两个地方，已经足够宣传圣明的教化，请陛下废止鸿都门文学的推荐和选举，以解除天下的谴责。"

奏章呈上去后，灵帝不理。

同年，第一次开设"西邸"机构，公开出卖官爵，按照官位高低收钱多少不等。俸禄等级为二千石的官卖钱二千万，四百石的官卖钱四百万，其中按照德行依次当选的出一半的钱，或者至少出三分之一的钱。凡是卖官所得到的钱，在西园另外设立一个钱库储藏起来。有人曾到宫门上书，指定要买某县的县令、长官职，根据每个县的大小、贫富等好坏情况，县令、长的价格多少不等。有钱的富人先交现钱买官，贫困的人到任以后照原定价格加倍偿还。灵帝还私下命令左右的人出卖三公、九卿等朝廷大臣的官职，每个公卖钱一千万，每个卿卖钱五百万。当初，灵帝为候时经常苦于家境贫困，等到当了皇帝以后，常常叹息桓帝不懂经营家产，没有私钱。所以，大肆卖官，聚敛钱财，作为自己的私人积蓄。

灵帝曾经询问侍中杨奇说："朕比桓帝如何？"杨奇回答说："陛下和桓帝相比，犹如虞舜和唐尧相比一样。"灵帝大不高兴，说："你的性格刚强，不肯向别人低头，真不愧是杨震的子孙，死后一定会再引来大鸟。"杨奇是杨震的曾孙。

乙丑（二十二日），太尉桥玄被罢免，任命他为太中大夫；擢升太中大夫段为太尉。桥玄最小的儿子在门口游玩，被匪徒劫持，当作人质，登楼要求钱货作为赎金，桥玄不肯给。司隶校尉、河南尹等派人将桥玄的家宅包围守住，不敢向前进逼。桥玄怒目大声呼喊说："奸人的罪恶数不胜数，我岂能因一个儿子的性命，而让国贼逃脱法网？"催促他们迅速进攻，桥玄的儿子也被杀害。

桥玄因而向朝廷上书说："天下凡是有劫持人质勒索财物的，都应该同时诛杀，不准许用钱财宝物赎回人质，为奸邪开路。"从此，劫持人质的事件绝迹。

王甫、曹节等人奸邪暴虐，玩弄权势，朝廷内外无不插手，太尉段又迎合顺从他们。曹节、王甫的父亲和兄弟以及养子、侄儿们都分别担任九卿、校尉、州牧、郡太守、县令、长等重要官职，几乎布满全国各地，他们所到之处，贪污残暴。王甫的养子王吉担任沛国的宰相，更为残酷，每逢杀人，都把尸体剖成几块放到囚车上，张贴罪状，拉到所属各县陈尸示众。遇到夏季尸体腐烂，则用绳索把骨骼穿连起来，游遍一郡方才罢休，看到这种惨状的人，无不惊骇恐惧。他在任五年，共诛杀一万余人。尚书令阳球曾用手拍着大腿发愤说："如果有一天我阳球担任了司隶校尉，这一群宦官崽子怎能容他们横行？"过了不久，阳球果然调任司隶校尉。

这时，正好王甫派他的门生在京兆的境界内独自侵占公家财物七千余万钱，被京兆尹杨彪检举揭发，并呈报给司隶校尉。杨彪是杨赐的儿子。当时，王甫正在家中休假，段也正好因发生日食而对自己提出弹劾。阳球入宫谢恩，于是趁着这个机会，向灵帝当面弹劾王甫、段以及中常侍淳于登、袁赦、封等人的罪恶。辛巳（初八），便将王甫、段等，以及王甫的养子、永乐少府王萌，沛国的宰相王吉全都逮捕，关押在洛阳监狱。阳球亲自审问王甫等人，五种酷刑全都用上。王萌先前曾经担任过司隶校尉，他对阳球说："我们父子当然应该被诛杀，但求你念及我们前后同官，宽恕我的老父亲，教他少受点苦刑。"阳球说："你的罪恶举不胜举，即令是死了也不会磨灭你的罪过，还跟我说什么前后同官，请求宽恕你的老父？"王萌便破口大骂说："你从前侍奉我们父子，就像一个奴才一样，奴才竟然胆敢反叛你的主子！今天乘人之危，落井下石，你会自己受到报应。"阳球命从人用泥土塞住王萌的嘴巴，鞭棍齐下，王甫父子全被活活打死。段也自杀。于是阳球把王甫的僵尸剖成几块，堆放在夏城门示众，并且张贴布告说："这是贼臣王甫！"把王甫的家产全部没收，并将他的家属全都放逐到比景。

　　阳球既已将王甫诛杀，打算按照次序，弹劾曹节等人，于是，他告诉中都官从事说："暂且先将权贵大奸除掉，再帝议除掉其他的奸佞。至于三公、九卿中的豪强大族，像袁姓家族那一群小孩子，你这位从事自己去惩办就行了，何必还要我这位校尉出面动手！"权贵豪门听到这个消息无不吓得不敢大声呼吸。曹节等人连休假日也都不敢出宫回家。正好遇着顺帝的妃子虞贵人去世，举行葬礼，文武百官送葬回城，曹节看见已被剁碎了的王甫尸体抛弃在道路旁边，禁不住悲愤地擦着眼泪说："我们可以自相残杀，却怎能教狗来舔我们的血？"于是他对其他中常侍说："现在我们暂且都一起进宫，不要回家。"曹节一直来到后宫，向灵帝禀报说："阳球过去本是一个暴虐的酷吏，司徒、司空、太尉等三府曾经对他提出过弹劾，应当将他免官。只因他在担任九江郡太守任期内微不足道的功劳，才再任命他做官。犯过罪的人，喜爱妄作非为，不应该教他担任司隶校尉，任他暴虐。"灵帝便调任阳球为卫尉。当时，阳球正在外出晋见皇家陵园，曹节命尚书令立即召见阳球，宣布这项任命，不得拖延诏令。阳球见到被召急迫，因此请求面见灵帝，说："我虽然没有清洁高尚的德行，却承蒙陛下教我担任犹如飞鹰和走狗一样的重任。前些时虽然诛杀王甫、段，不过是几个狐狸小丑，不足以布告天下。请求陛下准许我再任职一个月，一定会让犹如豺狼和恶鸟一样的奸佞邪恶全都低头认罪。"说罢，又叩头不止地向灵帝请求，竟然出血。宦官们在殿上大声斥责说："卫尉，你敢违抗圣旨呀！"一连呵斥了两三次，阳球只好接受任命。

因此，曹节、朱等人的权势又重新兴盛起来。曹节兼任尚书令。郎中梁国人审忠上书：

"陛下即位的最初几年，不能亲自处理国家的政事，皇太后思念抚养和培育的恩情，暂时代理主持朝政。前任中常侍苏康、管霸及时伏诛。太傅陈蕃、大将军窦武考讯审问他们的余党，目的在于肃清朝政。华容侯朱知道事情被发觉暴露，祸害将要降临到自己身上，于是便无端制造逆谋，扰乱王室，冲击皇宫，抢夺皇帝玺印，逼迫和威胁陛下，集合群臣，挑拨离间皇太后与陛下之间的母子骨肉恩情，而竟诛杀陈蕃、窦武以及尹勋等人。结果，宦官们共同割裂国土，互相封爵赏赐，父子兄弟，都受到尊崇荣宠。他们一向亲近信任和厚待的人，都分布在各州各郡，有的被擢升为九卿，有的甚至担任了三公的高位。他们不考虑俸禄丰厚和官位尊贵的责任，却随便钻营私人请托的门路，多方设法积蓄财物，大肆扩建家宅，连街接巷，甚至盗取流经皇宫的御水，用来垂钓；而车马衣服，玩赏物品，上比君王。三公、九卿等朝廷大臣，忍气吞声，谁也不敢说话。州牧、郡太守顺从和迎合他们的意旨，征聘和推荐人才时，摒弃贤能，任用愚蠢无能之人。因此蝗虫成灾，外族起兵反叛。上天的愤怒，已积有十余年之久。所以连年以来，天上发生日食，地下发生地震，就是为了谴责和警戒君主，想让君主早日悔悟，诛杀罪恶不可名状的人。过去，商高宗因发生野鸡飞到鼎耳啼叫的变异，因而修德，使商王朝得以中兴。最近，天地神明为了促使陛下醒悟，发雷霆之怒，所以王甫父子及时伏诛，路上行人和成年男女无不拍手称快，好像报了杀父母的冤仇一样。只是抱怨陛下为什么继续容忍残余的丑类，不将他们一网打尽？过去，秦王朝信任宦官赵高，终于使秦王朝灭亡；吴王余祭信任受刑之人，结果竟被他刺杀身亡。而今陛下以不忍心诛杀的恩德，赦免他们灭族的大罪，如果他们的奸谋一旦成功，即使后悔也来不及了。我为郎已有十五年之久，所有这些情况都是亲眼看见，亲耳听到的。朱的所作所为，连皇天都不会原谅。请求陛下抽出片刻的时间，垂听我的陈述，察看和裁决我的奏章，扫清和诛杀奸邪，回报上天的愤怒。我愿意跟朱当面对质，如果有一句假话，甘愿接受身被烹杀，妻子和儿子都被放逐的惩罚，以杜绝乱说的道路。"

奏章呈上去后，被搁置起来，没有回应。

中常侍吕强清廉忠直，奉公守法。灵帝按照众人的成例，封他为都乡侯。吕强坚决推辞，不肯接受，因而上书陈述政事：

"我曾经听说，汉高祖郑重约定，不是功臣不可封侯。这是为了尊重国家的封爵，明白劝勉和告诫后人。中常侍曹节等人身为宦官，福菲薄，品格卑下，出身微贱，依靠谗言和谄媚取悦人主，使用奸佞邪恶的手段邀取恩宠，有赵高的祸害，却还没有受到车裂酷刑的诛杀。陛下不知悔悟，妄自赐予食邑，建立侯国，使邪恶小人得到任用，家人们一同晋升，印绶重叠，互相结成邪党，下面又勾结一群奸佞小人。阴阳违背，农田荒芜，人民缺吃少穿，全都由此而起。我当然知道封爵已成事实，说也没有用处。但我仍然冒着死罪触犯陛下，陈述我的一片愚忠，实在只是盼望陛下减少和改正以往的过失，到此为止。我又听说，后宫的美女有数千余人，仅仅衣食一项的费用，每天都要耗费数百金之多。近来，谷价虽然降低，但家家户户，面有饥色。按照道理，谷价应该涨价，而现在反而降低，是由于赋敛和征发繁多，需要限期交给官府，只好故意压低谷价。农民天冷时不敢买衣服穿，饥饿时不敢吃饱，他们如此困苦，又有谁来怜恤？宫女们毫无用处，却塞满后宫，即使是全国都尽力耕田种桑，尚且无法供养。去年，命议郎蔡邕前往金商门回答陛下的询问，蔡邕不敢隐瞒真情，迷惑朝廷，极力直言回答，抨击到权贵大臣，责备到当权的宦官。陛下不能为他保守秘密，以致泄露出去，奸佞邪恶之辈，肆无忌惮，张牙舞爪，恨不得把蔡邕咬碎嚼烂，于是制作匿名信进行诬陷。陛下听信他们的诽谤，以致蔡邕被判处重刑，家属也遭到放逐，老幼流离失所，岂不辜负了忠臣？而今群臣都以蔡邕作为警戒，上怕意外的灾难，下惧刺客的杀害，我知道朝廷从此再也听不到忠直的言语！已故太尉段威武和勇猛盖世，尤其是熟悉边防事务，童年时就投身军旅，直到老年白头时才完成大功，历事二帝，功业特别显著。陛下既已按次第叙灵功劳，位列三公，然而却遭到司隶校尉阳球的诬陷和胁迫，身既死亡，妻子被放逐到边远地方，天下的人伤心，功臣失望。应该把蔡邕召回京都洛阳，重新委任官职，迁回段的家属，则忠贞路开，众人的怨恨可以平息。"

灵帝知道吕强忠心，但不能采纳他的建议。

上禄县长和海上书灵帝说："根据礼制，同曾祖而不同祖父的兄弟，已经分开居住，家财也已分开，恩德和情义已经很轻，从丧服上说只不过是疏远的家族。而今禁锢党人却扩大到这类疏远亲属，既不符合古代的典章制度，也不符合正常的法令规章。"

灵帝看到奏章后醒悟，于是对党人的禁锢从伯叔祖父以下都得到解除。

点评：

党人之所以能够解禁，只是因为当时农民暴动四起，宦官集团和士大夫集团急需联合而已。

八、黄巾起义

　　春季，正月，首次设立骥厩丞，负责接收和饲养从各郡、国征发来的马匹。由于各地豪强垄断马匹交易，马价涨到一匹值二百万钱。夏季，四月，庚子，大赦天下。

　　交趾地区的乌浒蛮人作乱，历时已久，州郡长官不能制伏。交趾人梁龙等又起来反叛，攻破了东汉政权所置的郡、县。灵帝下诏任命兰陵令会稽人朱俊为交趾刺史。朱俊领兵击败了叛军，梁龙被斩，数万人投降，不过一个月，便全部平定了当地的叛乱。朱俊因功被封为都亭侯，并征召入朝担任谏议大夫。

　　这一年，灵帝在后宫修建了许多商业店铺，让宫女们行商贩卖。于是，后宫中相互盗窃和争斗的事情屡有发生。灵帝穿上商人的服装，与行商的宫女们一起饮酒作乐。灵帝又在西园玩狗，狗的头上戴着文官的帽子，身上披着绶带。他还手执缰绳，亲自驾驶着四头驴拉的车子，在园内来回奔驰。京城洛阳的人竞相仿效，致使驴的售价与马价相等。

　　灵帝还喜好积蓄私房钱，收集天下的各种奇珍异宝。每次各郡、国向朝廷进贡，都要先精选出一部分珍品，送交管理皇帝私人财物的中署，叫作"导行费"。中常侍吕强上书规劝说：

　　"普天之下的财富，无不生于阴阳，都归陛下所有，难道有公私之分！而现在，中尚方广敛各郡的珍宝，中御府堆满天下出产的丝织品，西园里收藏着理应由大司农管理的钱物，骥厩中则饲养着本该归太仆管理的马匹。而各地向朝廷交纳贡品时，都要送上导行费。这样，征调数量增加，人民贫困，花费增多，贡品却少。贪官污吏从中取利，黎民百姓深受其苦。更有一些阿谀献媚的臣子，喜欢进献私人财物，陛下对他们姑息纵容，这种不良之风因此越来越盛。依照以往制度，选拔官员的事情应由三府负责，尚书只负责将三府的奏章转呈给陛下。被选拔者通过考核，加以委任，并责求他们拿出政绩。没有政绩者时，才交付尚书进行弹劾，提请转到给廷尉核查虚实，加以处罚。因此，三公在选拔人才时，都要与僚属仔细评议，了解这些人的品行，评估他们的才干。尽管如此严格，仍然有些官员不能胜任，使政务荒废。如今只由尚书负责选拔官员，或由陛下颁下诏书，直接任用，这样，三公就免除了选拔不当的责任，尚书也不再因此获罪。奖惩都得不到，难道谁还肯自己白白地辛劳吗？"

奏章呈上，灵帝未加理睬。

何皇后嫉妒心非常重，后宫王美人生下皇子刘协，何皇后就用毒药把王美人杀死。灵帝大怒，要废掉何皇后，宦官们竭力为她求情，才使灵帝打消这个想法。

大长秋、华容侯曹节去世，由中常侍赵忠代理大长秋的职务。

灵帝下诏，命令公卿根据流传的民谣，检举为害百姓的刺史和郡守。太尉许和司空张济投靠有权势的宦官，收受贿赂，对那些担任刺史、郡守的宦官子弟或宾客，尽管他们贪赃枉法、声名狼藉，全不敢过问，却毫无根据地检举了地处边远小郡，清廉而颇有政绩的官员二十六人。这些官员的部属及治下的百姓，到洛阳皇宫门前为他们申诉。司徒陈耽上书说："这次公卿的检举行动，大都包庇各自的私党，正是所谓是放走鸱枭那样的恶鸟，而将凤凰囚禁起来。"灵帝为此责备了许、张济，并将那些因所谓民谣而被征召问罪的官员，全都任命为议郎。

板蛮人在巴郡作乱，官军连年征讨，未能平定。灵帝打算出动大军，为此询问益州派入朝中汇报情况的计吏汉中人程包。

程包回答："板族中有七个大姓，自秦时，他们就建立过功勋，因此得到免除田租赋税的优待。他们全都骁勇善战。从前在永初年间，羌族人攻入汉川，郡、县政权全被破坏，得到板人的援救，羌人才被打败，死伤殆尽。羌人称板人为神兵，并相互告诫，不要再向南进入这一地区。到了建和二年，羌人又大举入侵，全靠板人，才连续击败了羌人。前车骑将军冯绲南征武陵，也是依靠板人，才得以成功。最近益州郡发生叛乱，太守李也是用板人平定了叛乱。板人如此忠心耿耿，屡建功勋，原本没有反抗朝廷的意思。可是，地方官府向板人征收的赋税极重，役使他们，残酷地鞭打，超过对待奴隶。还有人为交纳赋税被迫卖妻卖子，甚至有人因不堪忍受而刎颈自杀。尽管他们曾到州、郡官府去陈诉冤情，但州、郡长官既不处理，又不向上奏报。路途遥遥，无法到京城直接向陛下喊冤，满含怨气地向苍天呼喊，仍是投诉无门。于是，各部落便聚集起来进行反抗。他们完全是迫于无奈，并无建立政权闹独立的野心。如今，只要任命清廉能干的官员去担任州、郡长官，动乱自然就会平定，无须调军征伐。"

灵帝听从了程包的建议，任命曹谦担任巴郡太守，宣布皇帝赦免他们叛乱行为的诏书，板人立刻全部投降了。

最初，巨鹿人张角信奉黄帝、老子，以法术和咒语等传授门徒，号称"太平道"。他用念过咒语的符水治病，先让病人下跪，说出自己所犯的错误，然后喝下府水。有些病人竟然就此痊愈，于是，人们将他信奉如神明。张角派他的弟子走遍四方，不断诳骗引诱，十余年的时间，信徒多达数十万，青州、徐州、幽州、冀州、荆州、扬州和兖州和豫州八州之人无不响应。有的信徒卖掉自己的家产，前往投奔张角，他们塞满道路，尚未到达而死在途中的也数以万计。郡、县的官员不了解张角的真实意图，反而讲张角教民向善，因而为百姓所拥戴。

太尉杨赐当时正担任司徒，他上书说：

"张角欺骗百姓，虽受到免除罪责的赦令，仍不思悔改，反而逐渐蔓延扩张。现在，如果命州、郡进行镇压，恐怕会加重局势的混乱，促使其提前叛乱。应该命令刺史、郡守清查流民，将他们分别护送回本郡，以削弱张角党徒的力量，然后再诛杀那些首领。这样，不必劳师动众，就可以平息事态。"

恰在此时，杨赐去职，他的奏章遂留在皇宫，未能实行。

马徒掾刘陶再次上书，重提杨赐的这项建议，说："张角等人正在加紧策划阴谋，四方秘密传言说：'张角等偷偷潜入京城洛阳，窥探朝廷的动静。'其在各地的党徒暗地里遥相呼应。州郡官员怕如实呈报会受到朝廷的处分，不愿上奏，只是私下相互间通知，不肯用公文的形式来通报。为此，建议陛下公开颁发诏书，悬重赏捉拿张角等人，以封侯作为奖赏。官员中若有胆怯回避者，与张角等人同罪论处。"

灵帝对这件事很不在意，反而下诏让刘陶整理《春秋条例》。

张角设置三十六个方，方，犹如将军。大方统率一万余人，小方统率六七千人，各立首领。他宣称："苍天已死，黄天当立，岁在甲子，天下大吉。"并用白土在京城洛阳各官署及各州、郡官府的大门上都写上"甲子"二字。他们计划由大方马元义等先集结荆州、扬州的党徒数万人，按期会合，在邺城起事。马元义多次前往京城洛阳，以中常侍封、徐奉等人为内应，约定于次年的三月五日，京城内外同时发动。

春季，张角的弟子济南人唐周上书告密。于是，朝廷逮捕了马元义，在洛阳用车裂的酷刑将他处死。灵帝下诏，命令三公和司隶校尉调查皇宫及朝廷官员、禁军将士和普通百姓中信奉张角"太平教"者，处死了一千余人。同时还下令让冀州的官员捉拿张角等人。张角等得知计划已经泄露，便派人昼夜兼程赶往各地，通知各方首领，一时间各方全都起兵，他们个个头戴黄巾作为标志，因此当时人称他们为"黄巾贼"。二月，张角自称天公将军，他弟弟张宝称地公将军，张梁称人公将军。他们焚烧当地官府，劫掠城镇。州郡官员无力抵抗，大多弃职逃跑。不过一个月的时间，天下纷纷响应，京城洛阳为之震动。安平国和甘陵国的人民分别生擒了安平王和甘陵王，响应黄巾军。

三月，戊申（初三），任命河南尹何进为大将军，并封他为慎侯。何进统率左、右羽林军以及屯骑、步兵、越骑、长水、射声等五营将士，驻扎在都亭，整修军械，守卫京城洛阳。还设置了函谷关、太谷关、广成关、伊阙关、辕关、旋门关、孟津关、小平津关八关都尉。

灵帝召集群臣商议对策。北地郡太守皇甫嵩认为应该解除禁止党人做官的禁令，并拿出皇帝私人所有的中藏府钱财以及西园骧厩中的良马，赏赐予出征的将士。皇甫嵩是皇甫规哥哥的儿子。灵帝询问中常侍吕强的意见，吕强说："对党人的禁令时间已经很长了，人心怨恨愤怒，若不予以赦免，他们将轻举妄动，与张角联合起来，叛乱之势便会更趋扩大，到那时后悔就来不及了。现在，请先将陛下左右贪赃枉法的官员处死，大赦所有的党人，并考查各地刺史、郡守的能力。如果这样做，叛乱就不会不平息了。"灵帝对黄巾军的势力感到害怕，接受了吕强的建议。壬子（初七），大赦天下党人，已经被流放到边疆地区的党人及其家属都可以重返故乡，唯有张角不在赦免范围之内。与此同时，征调全国各地的精兵，派遣北中郎将卢植征讨张角，左中郎将皇甫嵩、右中郎将朱俊征讨在颍川地区活动的黄巾军。

当时，中常侍赵忠、张让、夏恽、郭胜、段、宋典等都被封为侯爵，身份高贵。灵帝常说："张常侍是我父亲，赵常侍是我母亲。"于是，宦官肆无忌惮，纷纷大兴土木，仿照皇宫的式样修建宅第。一次，灵帝曾想登上永安宫的望台，观看皇宫周围的景致。宦官们生怕灵帝看到自己的宅第，便让中大人尚但劝阻灵帝，说："天子不应当登高，登高则会使人民流散。"灵帝从此不再敢登较高的楼台亭榭。及至封、徐奉为张角做内应的事情败露，灵帝斥责诸位常侍说："你们常说党人图谋不轨，将他们全都禁锢起来，有人甚至遭到诛杀。现在党人倒是在为国家出力，你们反与张角勾结，该不该处斩？"宦官们都叩头说："这些都是王甫、侯览干的。"于是，诸位常侍都收敛退避，各自将他们在外担任州、郡官员的亲属及子弟召回。

于是，赵忠、夏恽等人一同向灵帝诬告吕强，说："吕强与党人一起议论朝廷，经常阅读《霍光传》，他的兄弟全都在官位上贪赃枉法。"灵帝听后，令中黄门带着兵器召吕强入宫。吕强得知灵帝召他的用意后，愤愤地说："我死之后，必有大乱。大丈夫要为报国尽忠，怎能去面对狱吏呢！"便自杀了。赵忠、夏恽等再次诬陷说："吕强被召，还不知道要问他什么事，就在外自杀了，这说明他确实有罪。"于是，灵帝下令逮捕吕强的亲属，将财产没收。

侍中、河内人向栩向灵帝上书，抨击宦官。张让便诬告向栩与张角同心，要做张角的内应。于是向栩被捕，送交黄门北寺监狱处死。

郎中、中山人张钧上书说："我认为张角所以能够兴兵作乱，百姓所以乐于归附张角，原因都在于十常侍多放任自己的父兄、子弟、亲戚及其投靠者充任州郡长官，搜刮财富，掠夺百姓。百姓有冤无处申诉，这才打算与朝廷对抗，聚集起来成为盗贼。应该斩杀十常侍，将他们的头悬挂在京城南郊，向百姓谢罪，并派使者向全国宣布此事。这样，可以不出动军队镇压，庞大的寇盗集团就会自行解散。"

灵帝将张钧的奏章交给常侍看，这些人全都吓得摘下帽子，除去鞋袜，下跪叩头，请求灵帝允许他们到洛阳专门审理皇帝亲自交办案件的诏狱去投案自首，并将家产献出，用于补助军费。灵帝下诏，令诸常侍全都穿戴起表示官位的衣帽鞋袜，继续担任原职。他对张钧上奏一事发怒说："这真是个狂人！难道十常侍中本不该有一个好人！"御史顺承灵帝的心意，诬奏张钧信奉黄巾道，遂将他逮捕入狱，拷打致死。

庚子（疑误），南阳郡的黄巾军将领张曼成进攻并杀死太守褚贡。

灵帝询问太尉杨赐有关黄巾军的情况，杨赐的回答恳切直率，灵帝感到不快。夏季，四月，杨赐因未能平息黄巾叛乱而被免职。任命太仆、弘农人邓盛为太尉。过了一些时候，灵帝翻阅过去的奏章，发现了杨赐与刘陶所上的有关张角的奏章。于是，封杨赐为临晋侯，刘陶为中陵乡侯。

皇甫嵩、朱俊率军四万人，一同讨伐颍川郡的黄巾军。皇甫嵩和朱俊各率一支军队，朱俊与黄巾军将领波才交战，被击败。皇甫嵩率军进驻长社，固守县城。

汝南郡的黄巾军在邵陵击败太守赵谦所率的官军。广阳郡的黄巾军杀幽州刺史郭勋及太守刘卫。

波才率黄巾军将皇甫嵩围困在长社县城。皇甫嵩兵少，军中都感到恐慌。黄巾军的营寨所设之处荒草遍野，适逢狂风大作，皇甫嵩让士兵们全都手持成束苇草上城。另命一批勇士，偷偷地越过包围圈，放火烧草并高声呐喊。与此同时，城上的军士也一齐点燃火把，与之呼应。皇甫嵩率军从城中擂鼓呐喊而出，直捣敌阵。黄巾军大惊，溃散奔逃。这时，恰好骑都尉、沛国人曹操率兵赶到。五月，皇甫嵩、曹操与朱俊会师，再次出战，大败黄巾军，斩杀数万人。灵帝封皇甫嵩为都乡侯。

曹操的父亲曹嵩，是中常侍曹腾的养子，他原来的姓氏已无法确定，据传为夏侯氏。曹操自小为人机警，有谋略，善权术，行侠仗义，行为放荡，不经营家产事业。因此，当时人认为他并无什么过人之处。唯有太尉桥玄和南阳人何对他另眼相看。桥玄对他说："天下即将大乱，不是掌握时代命运的杰出人才，不能拯救。能够平息这场大乱的人，恐怕就是你吧。"何看到曹操后叹息说："汉朝就要灭亡，能够重新安定天下的，一定是此人。"桥玄向曹操建议说："你在世上尚无名气，可以与许子将结交。"许子将就是许训的侄子许劭。许劭善于待人接物，能够辨别人的品行和能力，与他的堂兄许靖都有很高的名望。两人喜欢一起评论本地的知名人士，并根据这些人士的所作所为，逐月更改评语和排列顺序。为此，汝南人称为"月旦评"。许劭曾经担任过郡府中管理人事的功曹，府中官员听说了他的名望，无不改变、修饰自己的操行，以求得到一个较好的评语，曹操前去拜访许劭，询问他对自己的评价，说："我是一个什么样的人呢？"许劭鄙视曹操的为人，故闭口不答。曹操于是加以威胁，许劭才说："你在天下太平时可以成为一个能臣，在天下大乱时则会成为一个奸雄。"曹操听后，大喜而去。

朱俊进攻黄巾军时，他的护军司马、北地人傅燮上书说：

"我听说，天下的灾祸不是来源于外部，而全是起因于内部。正因如此，虞舜先除去四凶，然后才任用十六位贤能之士铺佐自己治理天下。这说明恶人不除，善人就不可能取得权力。如今张角在赵、魏之地起兵，黄巾军在六州作乱，这场大乱的根源是在宫廷之内，蔓延到四海。我受陛下的委任，奉命率军讨伐叛乱。从颍川开始，一直是战无不胜。黄巾军势力虽大，并不足以使陛下担忧。我所恐惧的是，如果治理洪水不从源头治起，下游势必泛滥得更加严重。陛下仁爱宽容，对许多不对的事情不忍处理，因此宦官们控制了朝政大权，忠臣不能得到重用。即使真将张角砍头处死，平息了黄巾叛乱，我的忧虑会更深。为什么呢？这是因为邪恶小人与正人君子不能在朝廷共存，如同寒冰与炽炭不能放入一个容器一样。那些邪恶之辈明白，正直之士的成功，预示着他们行将灭亡，因此必然要花言巧语，共同弄虚作假。传播假消息的人多了，即使是曾参那样的孝子也难免遭受怀疑；市中明明没有老虎，但只要有三个人说有，人们就会相信。假如陛下不能详细辨察真伪，那么忠臣就会再次像秦国名将白起那样含冤而死了！陛下应该深思虞舜对四凶的处理，尽速诛杀那些善进谗言的佞臣，这样，善人就会愿意为朝廷尽力，叛乱自会平息。"

赵忠看到这份奏章，感到厌恶。傅燮征讨黄巾军立下很多战功，应得到封爵的赏赐，赵忠便向灵帝讲傅燮的坏话。灵帝记得傅燮奏章所言，没有对傅燮加罪，但最终没有封赏他。

黄巾将领张曼成驻军宛城城下一百多天。六月，阳太守秦颉进攻黄巾军，斩杀张曼成。

交趾地区盛产珍珠等宝物，先后担任刺史的官员多无清谦行为，算计财物搜刮够了，便要求调任，因此下层官吏及百姓因愤恨而起来反抗，俘虏刺史及合浦太守来达，其首领自称为"柱天将军"。三府选用京县县令、东郡人贾琮任交趾刺史。贾琮到任后，调查叛乱的原因，人们都说："官府征收的赋税太重，百姓无不被搜刮一空。京城洛阳过于遥远，无处诉冤。民不聊生，只好聚在一起做盗贼。"贾琮便发布文告，让百姓自安居生产，招抚流亡在外的饥民返乡，免除徭役，将为害大的盗贼首领斩杀，选派清廉干练的官吏担任属下各县的代理县长。一年之间，叛乱全被平定，百姓得以安居。大街小巷的人们歌颂贾琮："贾父来得晚，使我先造反；如今见清平，吏不敢派饭！"

皇甫嵩、朱俊乘胜进攻在汝南郡和陈国的黄巾军，在阳翟追击黄巾将领波才，在西华攻打黄巾军另一将领彭脱，都取得了胜利。黄巾军的剩余部众或者投降，或者逃散，三郡的叛乱被全部平定。皇甫嵩上书报告作战情况，将功劳归于朱俊。于是朝廷进封朱俊为西乡侯，提升为镇贼中郎将。灵帝下诏，命令皇甫嵩讨伐东郡的黄巾军，朱俊计伐南阳的黄巾军。

北中郎将卢植率军连续战败张角，斩杀和俘虏黄巾军一万余人，张角等退保广宗县城。卢值率军将广宗城包围，修筑长墙，挖掘壕沟，制造攻城用的云梯，马上就要攻下广宗城。恰在此时，灵帝派小黄门左丰到卢植军中视察。有人劝卢植贿赂左丰，卢植不肯。左丰回到洛阳，对灵帝说："据守广宗的贼寇很容易攻破，然而卢植只是让军队躲在营垒里休息，等待上天诛杀张角。"灵帝大怒，派人用囚车将卢植押解回洛阳，判处比死罪轻一等的处分。派东中郎将、陇西人董卓代替卢植任职。

巴郡人张用法术为人治病，所用方法大致与张角相同。他治病时，让病家出五斗米，因此号为"五斗米师"。秋季，七月，张聚众造反，攻打郡、县，当时人称他们为"米贼"。

八月，皇甫嵩与黄巾军在苍亭大战，俘虏黄巾军将领卜巳。董卓进攻张角，未能取胜，受到处分。乙巳（初三），灵帝下诏，命皇甫嵩率军征讨张角。

当初，刘续被黄巾军所俘，安平国人将他赎回。朝廷进行讨论，打算恢复他的封国。议郎李燮提出："刘续身为一个藩王，不仅没有尽到职责，损害了朝廷的声誉，不该让他恢复封国。"朝廷没有听从李燮的意见。李燮被指控为诽谤宗室，送到左校去服苦役。不到一年，安平王刘续因罪被处死，李燮才被释放，重新任议郎。京城洛阳人将此事与其父李固不肯立质帝、桓帝事联系在一起，称颂说：

"父不肯立帝,子不肯立王。"

冬季,十月,皇甫嵩与张角的弟弟张梁交战于广宗,张梁率领的黄巾军骁勇善战,皇甫嵩未能取胜。第二天,皇甫嵩关闭营门,让士兵休息,以观察敌军的变化。看到黄巾军情绪逐渐松懈,便趁夜部署军队,清晨鸡鸣之时疾驰冲向敌阵。交战至傍晚时,黄巾军大败,张梁被斩首,黄巾军三万多人被杀,约五万人被逼落河中淹死。张角在此之前已经病故,他的棺材被剖开,乱刀碎尸,头颅被送到洛阳。十一月,皇甫嵩又在下曲阳进攻张角的弟弟张宝,张宝被斩杀,黄巾军被杀、被俘共十余万人。灵帝闻讯大喜,立即任命皇甫嵩为左车骑将军,兼冀州牧,并封为槐里侯。皇甫嵩能够体恤士兵,每次行军休息时,总是等到营帐全部修好,他才去休息,士兵全都吃上饭,他才去吃。所以能够所向无敌,建立功勋。

点评:

张角,巨鹿人。中国东汉末年农民起义军"黄巾军"的领袖,太平道的创始人。他利用其中的某些宗教观念和社会政治思想,以"苍天已死,黄天当立,岁在甲子,天下大吉"为口号,自称"天公将军",率领群众发动起义,史称"黄巾起义"。不久张角病死,起义军也很快被汉朝所镇压。张角领导的黄巾起义,震撼了东汉王朝的根基,直接导致了东汉末年军阀割据混战。同时,它也是我国历史上第一次由宗教领导的农民起义,具有深远的历史意义。

九、韩遂叛乱，董卓崛起

　　起初，武威郡的太守依仗权贵的势力，为所欲为，贪污残暴。凉州从事、武都人苏正和调查并举发了他的罪行。凉州刺史梁鹄感到害怕，想杀死苏正和，以免牵连自己，于是去征求汉阳郡长史、敦煌人盖勋的意见。盖勋一向与苏正和有仇，有人劝盖勋乘此机会进行报复，盖勋说："借刺史向我征求意见的机会谋害人才，是不忠；乘人之危，是不仁。"他劝阻梁鹄说："人们养猎鹰，是要用它捕捉猎物，如因猎鹰捕捉了猎物而将它煮杀，那么养它还有什么用呢？梁鹄便打消了杀苏正和的念头。苏正和听说此事后，前去拜访盖勋，向他致谢。盖勋避而不见，说："我是为梁使君着想，并不是为了苏正和。"他对苏正和的仇恨丝毫未减，一如当初。

　　后来，刺史左昌偷盗军粮数万石，盖勋进行劝阻，左昌大怒，遂让盖勋与从事辛曾、孔常率军另驻阿阳抵抗盗贼，想借口盖勋作战不力而加罪于他。然而盖勋屡立战功，左昌无计可施。及至北宫伯玉攻打金城，盖勋劝左昌发兵援救，左昌没有听从他的意见。陈懿死后，边章等进军，在冀县包围左昌。左昌召盖勋等去救援，辛曾等人迟疑，不肯出兵。盖勋大怒说："从前庄贾身为监军而延误军期，被司马穰苴处死，今天的从事难道比古时的监军还要尊贵吗？"辛曾等感到害怕，便听从他的主张，出兵援救。盖勋到达冀县后，用背叛的罪名斥责边章等人，边章等人都说："假如左刺史早些听从您的意见，出兵对付我们，或许我们还能改过自新。如今罪过已重，不能归降了。"于是，撤除对冀县的包围离去。

叛乱的羌族人将护羌校尉夏育围困在官府畜牧场。盖勋与州、郡联合出兵去救夏育。援军行进到狐，被羌族人打败。盖勋手下所剩不足一百人，身上三处负伤，但仍稳坐不动。他指着路边的木牌说："就将我的尸体放在这里。"羌人首领滇吾手执武器不许众人杀死盖勋，并说："盖长史是一位贤人，你们如果将他杀死，就会得罪上天。"盖勋仰天大骂道："该死的反叛羌人，你知道什么，赶快来杀我！"羌人都大吃一惊，面面相觑。滇吾下马让盖勋骑，盖勋不肯上马，于是被羌人俘虏。羌人钦佩他的仁义与勇敢，不敢加害，便将他送回汉阳。后来，凉州刺史的杨雍上表保举盖勋兼任汉阳太守。

黄巾将领张曼成被杀后，所余部众又拥立赵弘为统帅，人数再度扩大，达到十余万，攻占了宛城。朱俊与荆州刺史徐等率军联合将宛城包围起来。从六月攻至八月，一直未能攻克。有关部门要求将朱俊调回。司空张温上书说："从前秦国任用白起，燕国任用乐毅，都是经过长年艰苦奋战，才能战胜敌人。在征讨颍川黄巾时便已建立战功，挥师南下，已经确定作战计划，在战争之中更换统帅是兵家的禁忌。应该再给一些时间，让他取得成功。"灵帝这才作罢。不久，朱俊发动进攻，将赵弘斩杀。

黄巾将领韩忠再次占据宛城抗拒朱俊。朱俊让士兵们敲着军鼓进攻宛城西南角，黄巾军全都赶赴该处抵御。朱俊却亲率精兵袭击宛城的东北角，登上城墙而入。韩忠退守小城，惊慌失措，要求投降。诸将都愿意接受，但朱俊说："在军事上，本有形式相同而实质不同的情况，从前秦末项羽争霸的时候，人民没有确定的君主，因此要奖赏归附者，以鼓励人们前来归顺。如今天下统一，只有黄巾军起来造反，如果接受了他们的投降，就无法鼓励那些守法的百姓；而严厉镇压，就能惩罚罪犯。现在如果接受他们的投降，就会进一步助长叛军的势头，他们在有利时起兵进攻，不利时则请求投降。这是放纵敌人的做法，不是上策。"朱俊连续发起猛攻，未能攻克。他登上土山，观察黄巾军的情况，回头对司马张超说："我知道原因了。现在叛军被严密围住，内部形势危急，他们求降不成，突围又无路可走，因而死战。万人一心，已是势不可当，更何况十万人一心呢！不如撤除包围圈，集中兵力攻城。韩忠见到包围解除了，势必自己出来求生，自己出城定会各寻生路，斗志全消。这是破敌的最好办法。"于是朱俊解除包围，韩忠果然出战，朱俊乘势攻击，大破黄巾军，杀死一万余人。

南阳太守秦颉杀死韩忠，剩下的黄巾军又推举孙夏为统帅，再次占领宛城。朱俊发起猛攻，司马孙坚率领部下首先登上城墙。癸巳（二十二日），攻下宛城。孙夏逃走，朱俊追至西鄂县的精山，再次击溃黄巾军，斩杀一万余人。黄巾军溃不成军。其他州、郡诛杀的黄巾余众，每郡数千人。

豫州刺史太原人王允打败黄巾军，从收缴物品中查出宦官首领张让门下的宾客与黄巾军往来联系的书信，便将这些信件上报朝廷。灵帝知道后大发雷霆，斥责张让。张让叩头请罪，灵帝竟也不再追究。于是张让寻机诬告王允，遂将王允逮捕入狱。恰巧赶上大赦，王允得以恢复原职。可是在十天之内又以别的罪名被捕。杨赐不愿让王允再遭受拷打的痛苦和羞辱，派人对王允说："因为你揭发了张让，所以会一月之内再次被捕。张让凶恶无比，阴险难测，希望你好好考虑一下，是否还要再受折辱。"王允属下那些年轻气盛的从事们，泪流满面，一同将毒药进奉给王允。王允厉声说道："我身为一个臣子，得罪了君王，理应由司法机构正式处死，以公告天下，怎么能服毒自杀呢！"于是摔掉药杯，奋然起身出门登上囚车。他被押解到廷尉以后，大将军何进与杨赐、袁隗一起上书营救，王允才得以免死，被判处减死一等之罪。

忠劝说灵帝对全国的耕地加收田税，每亩十钱，用于修建宫殿，铸造铜人。乐安郡太守陆康止书劝阻，说："从前春秋时，鲁宣公按亩征收田税，因而蝗虫的幼虫大量孵出，造成灾害；鲁哀公想要增加百姓的赋税，孔子认为这种做法不对。怎么能强行搜刮人民的财物去修造无用的铜人？又怎么能将圣人的告诫弃之脑后，自己去效仿亡国君主的做法呢？"宦官们攻击陆康援引亡国的例子，来比喻圣明的皇帝，是犯了亵渎皇帝的"大不敬"的罪过。遂用囚车将陆康押送到廷尉监狱。侍御史刘岱上书为他辩解，陆康才未被处死，放逐还乡。陆康是陆续的孙子。

灵帝又下诏让各州、郡向朝廷进献木材及纹理美观的石料，分批送往京城洛阳。宦官们在验收时，百般挑剔，对认为不合格的，强迫州、郡官贱卖，价格仅为原价的十分之一。各州、郡不能完成定额，于是重新购买木材，而宦官们仍是百般挑剔，不肯立即接收，致使运来的木材都堆积在一起朽坏了，宫殿则连年未能修成。各地的刺史、太守更乘机私自增加百姓赋税，从中贪污，人民怨叹哀鸣。灵帝又命令西园的皇家卫士分别到各州、郡去督促，这些人恐吓惊拢州郡官府，收受大量贿赂。刺史、二千石官员以及茂才、孝廉在升迁和赴任时，都要交纳"助军"和"修宫"钱。大郡的太守，通常要交二三千万钱，其余的依官职等级不同而有差别。凡是新委任的官员，都要先去西园议定应交纳的钱数，然后方能赴任。有些清廉之士，请求辞职不去的，也都被逼迫上任、交钱。当时，河内人司马直刚刚被任命为巨鹿太守，因他平素有清谦之称，故将他应交的数额减少三百万。司马直接到诏书后怅然长叹，说："身为百姓的父母官，却要剥削百姓去迎合当前这种弊政，我于心不忍。"遂借口有病而辞职，但是未获批准。在赴任途中，他走到孟津，上书极为详细直率地陈述了当时的各种弊政，然后服毒自杀。他的奏章呈上后，灵帝受到震动，暂时停止征收修宫钱。

自从张角举事之后，各地盗贼纷纷起事。有博陵人张牛角、常山人褚飞燕以及黄龙、左校、于氏根、张白骑、刘石、左髭文八、平汉大计、司隶缘城、雷公、浮云、白雀、杨凤、于毒、五鹿、李大目，白绕、眭固、苦蝤等，简直举不胜举。这些队伍大的有二三万人，小的有六七千人。

张牛角和褚飞燕联合进攻瘿陶，张牛角被流箭射中，临死之前，命令他的部下尊奉褚飞燕为统帅，同时让褚飞燕改姓张。褚飞燕原名为褚燕，因他身轻如燕，又骁勇善战，故此军中都称他为"飞燕"。张燕接管了张牛角的队伍之后，山区的叛匪纷纷归附到他麾下，部众渐多，达到近百万人，号称"黑山贼"。黄河以北的各郡、县都受到侵扰，朝廷却无力派兵围剿。于是，张燕派使者到京城洛阳，上书朝廷请求归降。灵帝于是任命张燕为平难中郎将，使他管理黄河以北山区的行政及治安事务，每年可以向朝廷推荐孝廉，并派遣计吏到洛阳去汇报。

当时，官员往往通过宦官或者灵帝幼时的乳母，向西园进献财物后才能出任三公。段、张温等人虽然立有军功或是很有声望，但也都是先进献钱物，然后才能登上三公之位。崔烈通过灵帝的乳母进献五百万钱，因此当上司徒。到正式任命那天，灵帝亲自出席，百官都来参加。灵帝对左右的亲信说："真后悔没有稍吝惜一些，否则可以要到一千万。"乳母程夫人在旁边接着说："崔烈是冀州的名士，怎么肯用钱来买官！多亏了我，他才肯出这么多，您反而不满意吗？"因此，崔烈的声望顿时大为下跌。

北宫伯玉等进攻三辅地区，灵帝下诏，命左车骑将军皇甫嵩镇守长安，指挥大军进行讨伐。

当时，凉州地区不断有人起兵造反，官府为了筹措进行征讨的军费，不断加征赋税。司徒崔烈认为应该放弃凉州。灵帝下诏让公卿百官商议这件事，议郎傅燮疾颜厉色地说道："斩了司徒，天下才能安定！"尚书弹劾傅燮在宫殿上公开侮辱大臣有罪。灵帝命傅燮陈述理由，傅燮回答说："以前樊哙因为匈奴冒顿单于冒犯中

国，出于忠义激愤，要求出兵征讨，并没有失去人臣礼节，而季布
还说：‘樊哙应该处死。’如今凉州是天下的交通要道，并负有守
护国家西边门户的重任。高祖刚刚平定天下时，就让郦商去占领陇
右；武帝开拓疆土，设立了武威、张掖、酒泉、敦煌四郡，当时舆
论认为这是切断了匈奴的右臂。现在，地方官员治理失当，致使全
州起来造反，崔烈身为宰相，不为国家考虑如何平定叛乱的策略，
反而要舍弃这块广袤万里的国土，我感到困惑不解！如果胡人得以
居住此地，兵强马壮，铠甲坚实，据以作乱，这就是天下最大的忧
虑，甚至会危及政权的稳固。假如崔烈不懂这一点，说明他极端愚
蠢；如果他懂得而故意提此建议，则是不忠。”灵帝同意并听从了
傅燮的意见。

皇甫嵩征讨张角时途经邺城，看到中常侍赵忠建造的住宅超过
法定的规格，就上奏朝廷建议将赵忠的宅第予以没收。此外，中常
侍张让曾私下向皇甫嵩索取五千万钱贿赂，被皇甫嵩久战不胜，没
有战功，浪费了大批军用物资。于是，灵帝便将皇甫嵩召回洛阳，
收回他左车骑将军的印信绶带，并把他的封邑削减六千户。八月，
任命司空张温为车骑将军，执金吾袁滂做他的副手，率军征讨北宫
伯玉。并任命中郎将董卓为破虏将军，与荡寇将军周慎一起归张温
指挥。

谏议大夫刘陶上书说：“天下先有张角之乱，后有边章之乱。
如今西边的羌族叛军已在攻打河东郡，恐怕要越闹越大，威胁到京
城洛阳的安全。百姓们只有许多撤退逃生的念头，而没有一点儿前

进奋战以求生存的打算。西面的叛军日渐逼进，车骑将军张温孤军无援，假如疆场失利，败局将不可收拾。我深知这样反复上书，必将招致陛下的厌烦，但是仍然不克制自己，要继续向陛下进言，是因为我知道国家平安，我也将从中受益；国家危险，我则会先行毁灭。现在，我再次陈述目前亟待处理的八件事情。"这八件要事的主旨是指出天下之所以大乱，都是因宦官引起。于是宦官们一齐向灵帝诬陷刘陶，说："以前，张角反叛之后，陛下发布诏书，恩威并施。从那以后，叛乱者都已悔改。现在四方安宁，而刘陶对陛下圣明的政治不满，专门揭露妖孽一类的黑暗面。刘陶所言之事，州、郡并没有上报，他又是怎么知道的？我们怀疑刘陶与贼人有联系。"

灵帝下令逮捕刘陶，送交宦官控制的黄门北寺监狱，严型拷问，日益迫急。刘陶对代表皇帝审讯的使臣说："我恨自己不能像伊尹、吕尚那样为明主出力，却与商朝末年的微子、箕子、比干三位仁人同一命运。如今上面滥杀忠良正直的臣子，下面的百姓则憔悴不堪，这个政权也不会支持很久了，将来后悔也来不及了！"于是，闭住气自杀身亡。前任司徒陈耽为人忠正，宦官们很怨恨他，也加以诬陷，使他死在狱中。

张温统率诸郡的步、骑兵十余万驻扎在美阳。边章、韩遂也进军美阳，张温与他们交战失利。十一月，董卓与右扶风鲍鸿等合兵进攻边章、韩遂，大破他们统领的西羌军。边章、韩遂败退榆中。

张温派周慎率领三万人追剿边章、韩遂。参军事孙坚向周慎建议说："叛军据守的城中缺少粮食，将从外面运入。我愿充领一万人，截断敌军的运粮道，将军统大军跟在后面接应，叛军必然会因疲惫饥饿而不敢应战，退回羌人腹地。到那时，再合力围剿他们，就可以平定凉州。"周慎没有听从他的建议，率军将榆中城团团围住。而边章、韩遂分兵驻守葵园峡，反而将官军的运粮道路截断。周慎感到恐慌，丢弃辎重撤军。

张温又派董卓率领三万人去讨伐羌族的先零部落。羌人与胡人在望垣以北将董卓团团围住。董卓军中缺粮，于是便在打算渡河的地方筑起堤堰，假装要捕鱼充饥。然后，在堤堰的掩护之下，悄然撤退。等到羌人发觉而追击时，董卓早将堤堰决开，河水已深，致使羌人无法过河追赶。于是董卓回师，驻扎扶风。

张温以皇帝的诏书征召董卓，董卓拖延很久才前去晋见张温。张温责备董卓，而董卓应答时毫不恭顺。孙坚上前附在张温的耳边悄声说道："董卓不怕获罪，反而气焰嚣张，口气很大，应该按照军法'受召不及时到达'一条，申明法令，予以处斩。"张温回答说："董卓在黄河、陇山之间一向有威望，今天将他杀死，西征将没有依靠。"孙坚说："将军亲自统率皇家大军，威震天下，何必依赖于董卓！观察董卓的言谈举止，对您不尊重，轻视长官，举止无礼，是第一条罪状；连章、韩遂叛乱一年多，应及时征讨，而董卓却说不可，动摇军心，是第二条罪状；董卓接受委派，无功而回，长官征召时又迟迟不到，而且态度倨傲自大，是第三条罪状。古代的名将受命统军出征，没有不靠断然诛杀以成功的。如果将军对董卓加意拉拢，不立即诛杀，那么，损害统帅威严和军中法规的过失，就在您的身上。"张温不忍心动手，便说："你先回去，时间一长，董卓会起疑心的。"孙坚告辞而出。

本年，灵帝在西园修造万金堂，把大司农所管国库中的金钱及绸缎等都搬到万金堂中，堆得满满的。灵帝还把钱寄存在小黄门、中常侍家中，每家各存数千万。并在他当皇帝之前的封地河间购买田地，修建住宅。

任命中常侍赵忠为车骑将军。灵帝命赵忠评定讨伐黄巾军的功劳。执金吾甄举对赵忠说："傅燮先前在征伐东方的黄巾军时，立有大功，但是未被封侯，天下人感到失望。如今将军亲负这项重任，应该推举贤人，审理冤情，以满足众人之心。"赵忠采纳了甄举的意见，派他的弟弟城门校尉赵延去向傅燮致意。赵延对傅燮说："只要你肯稍稍接受我哥哥的友情，封万户侯则不在话下。"傅燮正色地拒绝他说："有功而未得到封赏，是我的命运不好，我岂能乞求私人的恩惠！"赵忠知道后，越发怀恨，然而顾忌傅燮的名望，不敢公开加以迫害，便任命他为汉阳郡太守，离开了京城。

灵帝让钩盾令宋典在南宫里修建玉堂殿。并让掖庭令毕岚铸造四个铜人，再铸四口铜钟，容量都为两千斛。又铸造一种名为"天禄"的兽及吐水的蛤蟆，在平门外的桥东吐水，将水输入皇宫之内。又做翻车和渴乌，放在桥西，用来浇洒城外南北大道，认为可以节省百姓洒水泼道的费用。

二月，荥阳盗贼杀死中牟县令。三月，河南尹何苗统军讨伐荥阳盗贼，将他们镇压下去。灵帝任命何苗为车骑将军。

韩遂杀死边章及北宫伯玉、李文侯，吞并了他们的部队，指挥着十余万大军行动包围了陇西郡。陇西郡太守李相如叛变朝廷，与韩遂联合在一起。

凉州刺史耿鄙率领属下六郡的军队讨伐韩遂。耿鄙很信任治中程球，但程球贪赃枉法，好营私利，引起士人和百姓的不满。汉阳太守傅燮对秋鄙说："您到职的时间不长。人民还没有很好地受到教化。贼军听说官军即将征讨，必然会万众一心。边疆地区士兵人多骁勇善战，锋锐难当。而我军则是由六郡的军队新近组合而成，上下尚未和睦，万一发生内乱，尽管后悔也来不及了。不如让军队修整一下，培养统帅的威信，做到赏罚分明。贼军看到形势缓和，必然认为我军胆怯，他们之间就会争权夺利，必然离心离德。然后，您率领已经教化好的民众，去征伐已然分崩离析的贼军，大功可以坐着等待完成！耿鄙不听从。夏季，四月，耿鄙大军行进到狄道，凉州别驾叛变，响应贼军，先杀程球，后杀耿鄙。贼军因而进兵包围了汉阳郡，城中兵少，粮尽，但傅燮仍然坚守。

当时，有数千名北地郡的胡人骑兵跟随贼军攻打郡城，他们都怀念傅燮的恩德，一齐在城外叩头，请求护送傅燮返回家乡北地郡。傅燮的儿子傅干只有十三岁，对父亲说："皇上昏庸糊涂，致使您在朝中无法容身。如今部下兵少，无法坚守。应该听从羌、胡人的请求，回归故乡，将来等到有圣明的天子出来，再去辅佐。"傅干的话没有说完，傅燮十分感慨，叹息道："你知道我必然会死吗？只有圣人能通达权变，其次则是坚守节操。从前商纣王暴虐，忠臣伯夷仍然严守臣节，不吃周朝的粮食而饿死。我生逢乱世，不能居家静养浩然之气。已经接受了朝廷的俸禄，还想逃避危险吗？我往哪里走？一定要死在这里。你有才智，要好好努力！主簿杨会就是我的程婴，他会尽力照顾你的。"

狄道人王国派前酒泉太守黄衍前来劝说傅燮道："汉朝已不再能统治天下了，您愿意做我们的首领吗？"傅燮按剑叱责黄衍说："你身为国家正式任命的太守，反倒为叛军做说客吗？"于是，傅燮率领左右冲向贼军，临阵战死。耿鄙属下的司马扶风人马腾也率军造反，与韩遂联盟，共同推举王国为首领，攻击抢掠三辅地区。

太尉张温因为没能平定叛乱，被免职。任命司徒崔烈为太尉。五月，任命司空许相为司徒，光禄勋、沛国人丁宫为司空。

当初，张温征发幽州乌桓族的三千名骑兵去征讨凉州贼军，前中山国相、渔阳人张纯请求统领这些乌桓骑兵，张温不肯，而让涿县县令、辽西人公孙瓒统领。部队到蓟县时，乌桓骑兵因为粮饷拖欠不发，多数人叛逃，返回乌桓部落。张纯因为没有让他统领乌桓兵而怀恨在心，便与同郡人、前泰山郡太守张举和乌桓部落首领丘力居等联盟，抢劫蓟县，并杀死护乌桓校尉公綦稠、右北平郡太守刘政、辽东郡太守阳终等人，部众多达十余万，驻扎在肥如县。张举称皇帝，张纯称弥天将军、安定王。他们发布公文通告各州、郡，宣称张举将取代东汉政权，要求灵帝退位，命公卿奉迎张举。

十月，长沙盗贼区星自称将军，部众有一万多人。灵帝下诏，任命议郎孙坚为长沙太守，将他们镇压下去。孙坚被封为乌程侯。

前任太丘县县长陈去世。全国各地前去参加吊丧活动的有三万余人。陈在乡里，公平正直地统率民众。百姓发生争执，都要请他裁决，他把是非曲直讲解得十分清楚，事过之后没有抱怨的。甚至有人叹息说："宁可接受刑罚，也不愿被陈先生责备！"杨赐和陈耽，每当被任命为公、卿等高级职务，文武百官都来祝贺时，总叹息陈未能出任高官，对自己先任要职而感到惭愧。

点评：

韩遂，字文约，金城人。汉末群雄之一。初闻名于西州，被羌胡起义军劫持并推举为首领，以诛宦官为名举兵造反，聚众十万，先后击败皇甫嵩、张温、董卓、孙坚等名将，后受朝廷招安，拥兵割据一方长达三十余年。

十、内忧外患

护匈奴中郎将张与南匈奴汗国单于栾提呼徵不和睦，张擅自斩杀栾提呼征，并改立右贤王栾提羌渠为南匈奴汗国单于。秋季，七月，张被指控事先没有奏请朝廷批准而擅自诛杀，被用囚车押回京都洛阳，送往廷尉监狱处死。

当初，司徒刘的哥哥侍中刘因和窦武共同策划诛杀宦官，一同被杀。永乐少府陈球向刘进言说："您出身皇族，位居三公，天下的人都仰望着您镇守和捍卫国家，怎么可以随声附和，唯唯诺诺，深恐得罪别人？现今曹节等人为所欲为，放任为害。而且他们久居在皇帝左右，您的哥哥侍中刘就是被曹节等人杀害的。您可以上书朝廷，推荐卫尉阳球重新出任司隶校尉，将曹节等人逐个逮捕诛杀，由圣明的君主亲自主持朝政，天下太平，只要一举手的短时间内即可到来。"刘说："宦官等凶恶小人的耳目很多，恐怕事情还没有等到机会，反则先受到灾祸。"尚书刘纳进言说："身为国家的栋梁大臣，国家行将倾覆而不扶持，还要您这种辅佐干什么？"刘应允承诺，也和阳球密谋。阳球的妾是中常侍程璜的女儿，因此曹节等人逐渐得到消息。用厚重的礼物贿赂程璜，并且对他进行威胁。程璜恐惧急迫，就把阳球等人的密谋全都告诉了曹节。曹节等人共同向灵帝报告说："刘跟刘纳、陈球、阳球互通书信，往来勾结，密谋越出常轨的行动。"灵帝勃然大怒。十月甲申（十四日），将刘、陈球、刘纳、阳球逮捕下狱，都在狱中处死。

巴郡板部蛮族起兵反叛，朝廷派遣御史中丞萧瑗督促益州刺史率军前往讨伐，未能取胜。夏季，四月，江夏郡蛮族起兵反叛。

十二月己巳（初五），封何贵人为皇后。征召何皇后的哥哥、颍川郡太守何进为侍中。何皇后本是南阳郡一个屠户家的女儿，后被选进宫廷，生下皇子刘辨，所以被灵帝立为皇后。

同年，灵帝下令兴建圭苑、灵昆苑。司徒杨赐上书劝阻说："先帝创立制度，左边开辟鸿池，右边兴建上林苑，既不算奢侈，也不算十分节约，正好符合礼仪法度。而今增多规划城郊之地，作为皇家苑囿，破坏肥沃的土地，荒废田园，把农民驱逐出去，畜养飞禽走兽，这大概不是爱民如子的大义。况且，现在城外的皇家苑囿已经有五六个之多，足够陛下任情游乐，满足四季的需要。应该好好回想一下夏禹宫室简陋，汉文帝拒绝兴建露台的本意，体恤小民的劳苦。"奏章呈上去后，灵帝打算停止兴建，询问侍中任芝、乐松的意见。他们二人回答说："过去，周文王的苑囿，方圆有一百里，人们尚且认为太小；齐宣王的苑囿，方圆只有五里，人们却认为太大。现今如果陛下和老百姓共同享用，对政事没有什么妨害。"灵帝听了非常喜悦，便下令兴建。

巴郡板部蛮族再度起兵反叛。

苍梧郡、桂阳郡盗贼联合攻打郡县。零陵郡太守杨制作了马车数十辆，在马车上放着盛满石灰的大袋，把绑袋口的布索系在马尾巴上。另外，又专门准备载着张满弓弩的战车。等到战斗开始时命马车在前面冲锋，石灰顺着风势飞扬，盗贼都睁不开眼睛。再用火点燃布索，马受惊后，向盗贼的阵地狂奔乱跑，跟在后面的战车弓弩齐发，战鼓震天动地，群盗犹如波涛一样惊骇破散。杨挥军追击，杀伤和杀死的不计其数，并将盗贼首领斩首，将他的头悬挂在木头上，郡境得以完全平静。荆州刺史赵凯向朝廷上书诬告说，杨实际上不是亲自上阵破贼，而妄说自己有功。杨也向朝廷上书进行答辩。但因赵凯在朝廷有同党的帮助，便下令逮捕杨，用囚车押解回京都洛阳，囚禁在监狱，由于防范和戒备森严，杨无法申诉。于是他咬破手臂，撕裂衣服，写成血书作为奏章，详细陈述自己破贼的形势以及反驳赵凯诬陷自己的情况，秘密交给前来探监的亲属，到宫门呈递。结果，灵帝下诏，赦免杨无罪，任命他为议郎。赵凯受到诬告反坐的惩处。杨是杨乔的弟弟。

黄巾军残部郭大等人在河西白波谷起兵，进攻太原郡、河东郡。

三月，匈奴屠各部落进攻并州，杀并州刺史张懿。

太常江夏人刘焉看到汉朝王室多难，向灵帝建议："各地到处发生叛乱，是由于刺史权小威轻，既不能禁制，又用人不当，所以引起百姓叛离朝廷。应该改置州牧，选用有清廉名声的重臣担任。"刘焉内心里想担任交趾牧，但侍中、广汉人董扶私下里对刘焉说："京城洛阳将要发生大乱，根据天象，益州地区将出现新的皇帝。"于是，刘焉改变主意，要求去益州。正好益州刺史俭横征暴敛，有关他的暴政的民谣广泛流传；再加上耿鄙、张懿都被盗贼杀死，朝廷就采纳刘焉建议，选用列卿、尚书为州牧，各自以本来的官秩出任。任命刘焉为益州牧、太仆黄琬为豫州牧、宗正东海人刘虞为幽州牧。各州长官权力的增重由此开始。刘焉是鲁恭王刘余的后代，刘虞是东海恭王刘强的五世孙。刘虞曾担任过幽州刺史，百姓与夷人都怀念他的恩德与信誉，因而朝廷有这一任命。董扶与太仓令赵韪都辞去官职，随同刘焉到益州去。

灵帝下诏征发南匈奴兵，分配给刘虞，去征伐张纯。南匈奴单于羌渠派遣左贤王率领骑兵赴幽州听候调遣。匈奴人害怕以后不断征发兵员，于是右部落反叛，与屠各胡部落联合，共有十余万人，进攻并杀死羌渠。匈奴人立羌渠的儿子右贤王於扶罗为持至尸逐侯单于。

益州人马相、赵祇等在绵竹起兵，自称为"黄巾"，杀死刺史俭，进攻巴郡、犍为，不过一个月，连破三郡，有部众数万人，马相自称天子。益州从事贾龙等率领官吏及百姓进攻马相等，几天后将他们打败，马相等逃跑，益州界内安宁。贾龙于是选派官兵去迎接刘焉。

刘焉将州府迁到绵竹，招抚离散叛乱的百姓，为政宽容，施行恩德，以收揽人心。

点评：

汉桓帝、汉灵帝昏庸无道，常年对外发动战争，导致民生凋敝，国力下降。加之宦官弄权，导致民不聊生，异族四起。东汉王朝陷入内忧外患之中，风雨飘摇。

十一、封疆大吏

已故太傅陈蕃的儿子陈逸与法术家襄楷在冀州刺史王芬处见面，襄楷说："从天象来看，不利于宦官，那些黄门、常侍们真的要被灭族了。"陈逸对此非常高兴。王芬说："如果真是这样，我愿意充当干这件事的先锋。"就与各地的豪杰互相联系，上书说黑山地区的盗贼攻打抢劫他属下的郡、县，想以此为借口起兵。正好灵帝想到北方来巡视他在河间的旧居，王芬等计划用武力来劫持灵帝，杀死那些常侍、黄门，然后废黜灵帝，另立合肥侯为皇帝。王芬等将这个计划告诉议郎曹操。曹操说："废立皇帝是天下最不吉祥的事。古代，有的人衡量轻重、计算成败后施行，伊尹和霍光便是如此。这两个人都满怀忠诚，以宰相的地位，凭借执政大权，加上同众人的愿望一致，故此能实现计划，成就大事。如今，各位只看到他们当初的轻而易举，而未看到现在的困难。用这种非常的手段，想一定达到目的，难道不觉得危险吗？"王芬又邀请平原人华歆、陶丘洪来共同策划。陶丘洪准备动身，华歆进行劝阻，说："废立皇帝的大事，伊尹、霍光都感觉很困难。何况王芬疏阔而又缺乏威武气概，这次举动一定会失败。"陶丘洪于是没有去。这时候，北方天空在半夜时候有一道赤气，从东到西，横贯天际，负责观测天象的太史上书说："北方地区有阴谋，陛下不宜去北方。"灵帝于是作罢，命令王芬解散已集结的士兵。不久，征召王芬到洛阳去。王芬害怕，就解下印绶逃亡，跑到平原时自杀了。

八月，开始设置西园八校尉。任命小黄门蹇硕为上军校尉，虎贲中郎将袁绍为中军校尉，屯骑校尉鲍鸿为下军校尉，议郎曹操为典军校尉，赵融为助军左校尉，冯芳为助军右校尉，谏议大夫夏牟为左校尉，淳于琼为右校尉，都由蹇硕统一指挥。灵帝自黄巾军起事以后，开始留心军事。蹇硕身体壮健，又通晓军事，很受灵帝信任，连大将军也要听从他的指挥。

十月，青州、徐州的黄巾军再度起兵，攻略郡县。

用观察云气来预言吉凶的法术家认为，京城洛阳将有兵灾，南北两宫会发生流血事件。灵帝想通过法术来压制，于是大批征调各地的军队，在平乐观下举行阅兵仪式。修筑一个大坛，上面立起十二层的华盖，高达十丈；在大坛的东北修筑了一个小坛，又立起九层的华盖，高九丈。步骑兵数万人列队，设营布阵。甲子（十六日），灵帝亲自出来阅兵，站在大华盖之下，大将军何进站大小伞盖之下。灵帝亲自披戴甲胄，骑上有护甲的战马，自称"无上将军"，绕军阵巡视三圈后返回，将武器授予何进。灵帝问讨虏校尉盖勋说："我这样检阅大军，你觉得怎样？"盖勋回答："我听说从前圣明的君王显示恩德，不炫耀武力。如今，贼寇都在远地，陛下却在京城阅兵，不足以显示消灭敌人的决心，只表现为黩武罢了。"灵帝说："你的看法很对，可惜我见到你太晚，群臣当初没有讲过这样的话。"盖勋对袁绍说："皇帝很聪明，只是被他左右的人蒙蔽住了。"他与袁绍密谋一起诛杀宦官。蹇硕感到恐惧，将他调离京城，派到长安去担任京兆尹。

十一月，王国包围陈仓。灵帝下诏再次任命皇甫嵩为左将军，统率前将军董卓，共有军队四万人，去抵抗王国。

张纯与乌桓酋长丘力居在青、徐、幽、冀四州境内到处抢掠。灵帝下诏命骑都尉公孙瓒进行讨伐。公孙瓒在辽东属国的石门山与他们交战，张纯等大败，丢弃妻子儿女，越过边塞逃跑。他们所抢掠俘虏的男女百姓，都被公孙瓒夺回。公孙瓒乘胜深入追击，但没有后援，反被丘力居等包围在辽西郡管子城，过了二百余日，粮尽而全军溃散，士兵死亡了十分之五六。

董卓对皇甫嵩说："陈仓形势危急，请赶快救援。"皇甫嵩说："不然，百战百胜，不如不战而胜。陈仓虽小，但城垣坚固，守卫严密，不容易攻破。王国兵力虽强，但攻不下陈仓，部众必然疲乏，我们乘他们疲乏，发动攻击，这是获得彻底胜利的策略，用得着什么援救呢！"王国围攻陈仓八十余天，未能攻破。

春季，二月，王国的部队疲惫不堪，解围撤退。皇甫嵩下令进军追击，董卓说："不行。兵法上说：'穷寇勿迫，归众勿迫。'"皇甫嵩说："不然，以前我们不进攻，是躲避他们的锐气；现在发动进攻，是等到他们士气已经低落。我们现在所攻击的是疲惫之师，而不是'归众'；王国的部队正要逃走，已无斗志，并不是'穷寇'。"于是皇甫嵩独自率军进击，命令董卓做后援。皇甫嵩边连续进攻，大获全胜，斩杀一万多人。董卓大为羞惭恼恨，从此与皇甫嵩结下仇恨。

韩遂等人共同废掉王国的首领地位，胁迫前信都县令汉阳人阎忠担任首领，统率各部。阎忠病死，韩遂等人逐渐争权夺利，继而互相攻杀，于是势力逐渐衰弱。

幽州牧刘虞到任后，派使臣到鲜卑部落去，告诉他们利害，责令他们斩送张举和张纯的人头，悬以重赏。丘力居等听说刘虞来到幽州都很高兴，各派使臣来晋见刘虞，自动归降。张举、张纯逃到塞外，所余部下全都投降或逃散。刘虞上奏，请求将征集的各部队全部遣散，只留下降虏校尉公孙瓒，率领步、骑兵一万人，驻扎在右北平。三月，张纯的门客王政刺杀张纯，带张纯的人头去见刘虞。公孙瓒决心用武力消灭乌桓部落，而刘虞想用恩德和信义来招降他们，因此两人之间产生矛盾。

太尉马日被免职。灵帝派遣使臣到幽州去任命幽州牧刘虞为太尉，封为容丘侯。蹇硕忌恨大将军何进，与诸常侍共同劝说灵帝派遗何进西征韩遂，灵帝同意了。何进暗中获悉他们的阴谋后，上奏请求派袁绍到徐州和兖州去调集军队，要等到袁绍回来再进行西征，以便拖延行期。

点评：

灵帝为了镇压人民起义和外族侵略，只得在边境任命集军事和政治为一体，统领数郡的军政大员。这加剧了地方割据。为日后汉王朝的分崩离析埋下了祸患。

十二、诛杀十常侍

当初，灵帝连续死去了几个儿子，因此，何皇后生下儿子刘辩后，就送到道人史子眇家去抚养，故被称为"史侯"。王美人生下儿子刘协，由董太后亲自抚养，被称为"董侯"。群臣请求灵帝立太子。灵帝认为刘辩为人轻佻，缺乏威仪，想立刘协，但犹豫未决。正在这时，灵帝病重，把刘协托付给蹇硕。丙辰（十一日），灵帝于嘉德殿驾崩。蹇硕当时在皇宫中，想先杀何进，然后立刘协为皇帝。他派人去接何进要与他商议事情，何进即刻乘车前往。蹇硕的司马潘隐与何进早有交谊，在迎接他时用眼神示意。何进大惊，驰车抄近道跑回自己控制的军营，率军进驻各郡国在京城的官邸，声称有病，不再进宫。

戊午（十三日），皇子刘辩即帝位，当时他十四岁。尊称母亲何皇后为皇太后。何太后临朝主持朝政，大赦天下，改年号为光熹。封皇弟刘协为勃海王，当时他只有九岁。任命后将军袁隗为太傅，与大将军何进共同主持尚书事务。

何进既已掌握朝政大权，怨恨蹇硕想谋害自己，暗中计划将他杀死。袁绍通过何进的亲信门客张津，劝说何进将所有的宦官一网打尽。何进因袁氏历代都有人作高官，袁绍与堂弟虎贲中郎将袁术又为天下豪杰所拥戴，因此相信并任用他们。又广泛征聘有智谋的人士何、荀攸及河南人郑泰等二十人，任命何为北军中侯，荀攸为黄门侍郎，郑泰为尚书，把他们都作为自己的心腹。荀攸是荀爽的族孙。

蹇硕心里疑虑不安，写信给中常侍赵忠、宋典等人说："大将军何进兄弟控制朝政，独断专行，如今与天下的党人策划要诛杀先帝左右的亲信，消灭我们。只是因为我统率禁军，所以暂且迟疑。现在应该一起动手，关闭宫门，赶快将何进逮捕处死。"中常侍郭胜与何进是同郡之人，何太后及何进能有贵宠的地位，他帮了很大的忙，因此他亲近信赖何氏。郭胜与赵忠等人商议后，拒绝蹇硕的提议，而把蹇硕的信送给何进看。庚午（二十五日），何进令黄门令逮捕蹇硕，将他处死，于是把禁军全部置于自己指挥之下。

票骑将军董重与何进互争权力，宦官们依靠董重作为党援。董太后每次想要干预国家政事，何太后都加以阻止。董太后感到愤恨，骂道："你现在气焰嚣张，是倚仗你的哥哥何进！我如命令票骑将军董重砍下何进的人头，只是举手之劳！"何太后听到后，告诉给何进。五月，何进与三公共同上奏："董太后派前中常侍夏恽等与州、郡官府相互勾结，搜刮财物，都存在她所住永乐宫。按照过去的贯例，藩国的王后不能留住在京城，请把她迁回本国。"何太后批准了这一奏章。辛巳（初六），何进举兵包围了票骑将军府，逮捕董重，免除他的职务，董重自杀。六月，辛亥（初七），董太后又忧又怕，突然死去。从此以后，何进一家失去民心。

袁绍又向何进建议说："从前窦武他们想要消灭宦官，反而被宦官所杀害，只是因为消息泄露。五营兵士一向畏惧宦官的权势，而窦氏反而利用他们，所以自取灭亡。如今将军兄弟同时统率禁军劲族，部下将领官吏都是俊杰名士，乐于为您效命，事情全在掌握之中，这是天赐良机。将军应该一举为天下除去大害，垂名后世，不要错过这个机会！"何进于是向太后建议，请求全部撤换中常侍及以下的宦官，委派三署郎官代替他们的职务。何太后不答应，说："从古至今，都是由宦官来管理皇宫内的事情，这条汉朝的传统制度不能废掉。何况先帝刚刚去世，我怎能衣冠整齐地与士人相对共事呢！"何进难以违背太后的意思，打算暂且诛杀最跋扈的宦官。袁绍认为宦官最亲近太后和皇帝，百官的奏章及皇帝诏命都由他们来回传递，现在如果不彻底除掉，将来一定会有后患。但是何太后的母亲舞阳君和弟弟何苗多次接受宦官们的贿赂，知道何进要消灭宦官，屡次向何太后进言阻止，又说："大将军擅自杀害左右近臣，专权独断，削弱国家。"太后心中疑虑，认为他们的话有理。何进新近掌握重权，但他一向对宦官们既尊敬又畏惧，虽然羡慕得到除去宦官的美名，但心中不能当机立断，因此事情拖下来，久久不能决定。

袁绍又为何进出谋划策，劝他多召各地的猛将和英雄豪杰，让他们都率军向京城洛阳进发，以此来威胁何太后，何进同意了这一计划。主簿、广陵人陈琳劝阻说："民间有一句谚语，叫'闭起眼睛捉麻雀'。像那样的小事，尚且不可用欺诈手段达到目的，何况国家大事，怎么可以用欺诈办成呢？如今将军身集皇家威望，手握兵权，龙行虎步，为所欲为。这样对付宦官，好比是用炉火去烧毛发。只要您发动，用雷霆万钧之势当机立断，发号施令，那么上应天意，下顺民心，很容易达到目的。然而如今反而放弃手中的权柄，去征求外援。等到各地大军聚集时，强大者就将称雄，这样做就是所谓倒拿武器，而把手柄交给别人一样，必定不会成功，只会带来大乱罢了。"何进不听。典军校尉曹操听说后笑着说："在宫中服务的宦官，古今都应该有，只是君王不应该给予大权和宠信，使他们发展到现在这个程度。既然要惩治他们，应当除去首恶，只要一个狱吏就足够了。何至于纷纷攘攘地征召各地部队呢！假如要想将他们一网打尽，事情必然会泄露，我将看到此事的失败。"

起初，灵帝征召董卓入朝担任少府。董卓上书说："我所统领的湟中地区的志愿附属军以及羌、胡兵都来见我，说：'没有发给足够的粮饷，没有赏赐，妻子儿女都饥寒交迫。'把我的车子拖住，使我无法动身。这些羌、胡人都心肠险恶，很难驾驭，我不能让他们听从命令，只能先留下来进行安抚。有新的情况，再随时汇报。"朝廷无法约束董卓。到灵帝病重时，下诏任命董卓为并州牧，命令他把军队交给皇甫嵩指挥。董卓又上书说："我得到陛下信任，掌兵达十年之久。在全军上下，久已培养起感情，他们眷恋我的恩德，愿意一朝为我效死。请求陛下准许我把这支军队带到并州，为国家守卫边疆。"皇甫嵩的侄子皇甫郦向皇甫嵩建议说："全国的军权，主要握在您和董卓手中。现在双方已结下仇怨，势必不能共存。董卓接到命令他交出军权的诏书，但他却上书请求带走军队，是违抗皇帝的诏命。他认为朝中政治混乱，所以敢于拖延时间，按兵不动，这是心怀奸诈。这两项都是不能赦免的大罪。而且他凶暴残忍，不受将士拥戴。您现在身为元帅，倚仗国威去讨伐他，对上表示您的忠义，又为下边消除一个祸害，无往不利。"皇甫嵩说："尽管董卓违抗诏命有罪，但不得朝廷批准，就擅自讨伐他，也有罪，不如公开奏报这件事，由朝廷来裁决。"于是，上书奏明。灵帝下诏责备董卓。董卓仍不肯服从，把军队驻扎在河东郡，以观察时局变化。

何进召董卓率军到洛阳来。侍御史郑泰劝谏说："董卓为人强悍，不讲仁义，又贪得无厌。假如朝廷依靠他的支持，授以兵权，他将为所欲为，必然会威胁到朝廷的安全。您作为皇帝国戚，掌握国家大权，可以依照本意独断独行，惩治那些罪人，实在不应该依靠董卓作为外援！而且事情拖得太久，就会起变化，先前窦武之事的教训并不久远，应该赶快决断。"尚书卢植也认为不应当召董卓，何进都不接受。郑泰于是辞职而去，告诉荀攸说："何进是个不容易辅佐的人。"

何进的僚属王匡与骑都尉鲍信都是泰山人，何进让他们回乡去招募军队。又召东郡太守桥瑁屯兵成，让武猛都尉丁原率领数千人进军河内郡，焚烧黄河的孟津渡口，火光直照到洛阳城中。这些行动都以消灭宦官作为口号。

董卓接到何进召他进京的命令，立刻上路出发。同时上书说："中常侍张让等人，利用得到皇帝宠幸之机，扰乱天下。我曾听说，扬汤止沸。不如釜底抽薪；疮痈溃烂虽然疼痛，但胜于向内侵蚀脏腑。从前赵鞅统率晋阳的军队来清除君王身边的恶人，如今我则敲响钟鼓到洛阳来，请求逮捕张让等人，以清除奸邪！"太后仍然不答应。何苗对何进说："我们当初一起从南阳来，出身贫贱，都是依靠宦官的扶助，才有今天的富贵。国家大事，又谈何容易，覆水难收，应该多加考虑。应暂且与宦官们和解。"董卓到渑池时，何进更加犹豫不决，派谏议大夫种邵拿着皇帝诏书去阻止董卓。董卓不接受诏命，一直进军到河南。种邵迎接尉劳他的军队，并劝令他退军。董卓疑心洛阳政局已发生变动，命部下用武器威胁种邵。种邵大怒，用皇帝的名义斥责他们，士兵都害怕地散开。于是种邵上前当面责问董卓，董卓理屈辞穷，只好撤军回到夕阳亭。种邵是种的孙子。

袁绍怕何进改变主意，便威胁他说："矛盾已经形成，行动迹象已经显露，将军还想等待什么，而不早作决断？事情拖得太久会发生变化，就要重演窦武被害的惨剧了！"何进于是任命袁绍为司隶校尉，假节，有不经请示就逮捕或处死罪犯的权力。又任命从事中郎王允为河南尹。袁绍命属下的方略武吏去侦察宦官动静，又催促董卓等人，让他们派驿使紧急上奏，在奏章上声称要进军到平乐观。于是何太后大为恐惧，把中常侍、小黄门等宦官都罢免回家，只留下一些何进所亲信的人守在宫中。诸常侍、小黄门都去向何进请罪，表示一切听从他的处置。何进对他们说："天下动荡不定，只是由于厌恶你们。如今董卓马上就要来了，你们为什么还不早日各自回到自己的封国去！"袁绍劝何进乘此机会一网打尽，以致再三申明理由，但何进不许。袁绍又用公文通知各州、郡官府，假借何进的名义，要各地逮捕宦官们的亲属。

何进的密谋因时间太长泄露了不少。宦官们感到恐惧，想改变局面。张让的儿媳是何太后的妹妹，张让向她叩头请求说："我现在犯下罪责，理应全家回到家乡。想到我家几代蒙受皇恩，如今要远离宫殿，心中恋恋不舍。我愿再入宫侍候一次，得以暂时见到太后，趋承颜色，然后退到沟壑，死也没有遗恨了！"这位儿媳向母亲舞阳君说情，舞阳君又入宫向何太后说情。于是何太后下诏，让诸常侍全都重新入宫服侍。

八月，戊辰（二十五日），何进入长乐宫，奏告何太后，请求杀死全体中常侍。中常侍张让、段商议说："大将军何进自称有病，不参加先帝的丧礼，不送葬到墓地去，如今突然入宫，这是什么意图？难道窦武事件竟要重演吗？"派人去窃听何进兄妹的谈话，获知全部谈话内容。于是率领自己的党羽数十人，手持武器，偷偷从侧门进去，埋伏在殿门下。等何进出来，就假传太后的旨意召他。何进入宫，张让等人责问何进说："天下大乱，也不单是我们宦官的罪过。先帝曾经跟太后生气，几乎废黜太后，我们流着泪进行解救，个人都献出家财千万作为礼物，使先帝缓和下来，只是要托身于你的门下罢了。如今你竟想把我们杀死灭族，不是太过分了吗？"于是尚方监渠穆拔出剑来，在喜德殿前杀死何进。张让、段等写下诏书，任命前太尉樊陵为司隶校尉，少府许相为河南尹。尚书看到诏书，觉得可疑，说："请大将军何进出来共同商议。"中黄门将何进的人头扔给尚书，说："何进谋反，已被处死了！"

何进部下的军官吴匡、张璋在皇宫外，听到何进被杀害，打算率军入宫，但宫门已关闭。虎贲中郎将袁术与吴匡等共同进攻皇宫，用刀劈砍宫门，中黄门等则手持武器，防住宫门。适逢黄昏，袁术于是纵火烧南宫的青琐门，想以此威胁宫中交出张让等人。张让等人到后宫禀告何太后，说："大将军何进的部下谋反，纵火烧宫，并进攻尚书门。"他们裹胁着何太后、少帝、陈留王刘协，劫持宫内的其他官员从天桥阁道逃向北宫。尚书卢植手持长戈站在阁道的窗下，仰头斥责段，段惊恐害怕，于是放开何太后，何太后从窗口跳下，得以幸免。袁绍与他叔父袁隗假传圣旨，召来樊陵、许相，把他们处斩。袁绍与何苗等率兵驻扎在朱誉门下，捉住赵忠等人处斩。吴匡等人一向就怨恨何苗不与何进同心，而且怀疑他与宦官有勾结，于是号令军中说："杀死大将军的人就是车骑将军何苗，将士们能为大将军报仇吗？何进部下都流着泪说："愿拼死为大将军报仇！"吴匡就率兵与董卓的弟弟奉车都尉董一起攻杀何苗，把他的尸体扔在宫苑里。袁绍关上北宫门，派兵捉拿宦官，不论老少，一律杀死，共二千余人毙命，有人因为未长胡须而被误杀。袁绍乘势率军进攻，扫荡宫禁，有的士兵爬上端门屋，向宫内冲击。

庚午（二十七日），张让、段等被困宫中，无计可施，只好带着少帝、陈留王刘协等数十人步行出门。夜里，到达小平津。皇帝所用的六颗御玺没有随身带上，没有公卿跟随，只有尚书卢植、河南中部掾闵贡夜里到达黄河岸边。闵贡厉声斥责张让等人，而且说："你们如今还不快死，我就要来杀你们！"用手中的剑砍死数名宦官，张让等又惊又怕，拱手再拜，又向少帝叩头辞别说："我们死了，请陛下自己保重！"投河而死。

点评：

何进的死完全是因为自己优柔寡断，终究是因为其本身无德无谋。当一个人一无是处，就算身边有再多的能人，也不会有好的结果。何进不肯接受曹操的正确意见，听了袁绍的话，引外兵入城，无疑引狼入室。同时也导致十常侍惊慌失措，最终先下手为强，使自己在一群宦官的刀下身首异处。

十三、董卓专政

闵贡扶着少帝与陈留王刘协，在夜里追着萤火虫的微光徒步向南走，想回到宫中。走了几里地，得到百姓家一辆板车，大家一齐上车，到达洛舍歇息。辛未（二十八日），找到马匹，少帝独自骑一匹，陈留王刘协和闵贡合骑一匹，从洛舍向南走，这时才逐渐有公卿赶来。董卓率军到显阳苑，远远望见起火，知道发生变故，便统军急速前进。天还没亮，来到城西，听说少帝在北边，就与大臣们一齐到北芒阪下奉迎少帝。少帝见董卓突然率大军前来，吓得哭泣。大臣们对董卓说："皇帝下诏，要军队后撤。"董卓说："你们这些人身为国家大臣，不能辅佐王室，致使皇帝在外流亡，为什么要军队后撤！"董卓上前参见少帝，少帝说起话来语无伦次。董卓又与陈留王刘协交谈问起事变经过，刘协一一回答，从始至终，毫无遗漏。董卓十分高兴，觉得刘协贤能，而且又是由董太后养大的，他认为自己与董太后同族，心里有了废黜少帝，改立刘协为皇帝的念头。

当天皇帝返回宫中，大赦天下，改后号将光熹元年改为昭宁元年。传国御玺丢失了，皇帝六玺中的其他五玺全都找到。任命丁原为执金吾。骑都尉鲍信到泰山郡募兵，恰到这时归来，他劝说袁绍："董卓统率强兵，将有不轨的打算。现在不早作打算，必然会被他控制。应该乘他刚到，兵马都很疲惫，发动袭击，可以生擒董卓！"袁绍畏惧董卓，不敢发动进攻。于是鲍信率领部队返回泰山郡。

董卓到洛阳，手下只有步、骑兵三千人。嫌自己兵力单薄，担心不能使远近慑服。于是，每隔四五天，就派军队夜里悄悄出发到军营附近处，第二天早上，再严整军容，大张旗鼓地返回，让人以为西方凉州又派来了援军，而洛阳城中没有人知道他的底细。不久，何进与何苗的部下都投靠董卓，董卓又暗中指使丁原部下的司马、五原人吕布杀死丁原而吞并了他的部队，从此董卓兵力大增。于是他暗示朝廷，以下雨不停止为理由，让皇帝颁策罢免司空刘弘的职务，由自己接任。

起初，蔡邕被流放到朔方郡，遇到大赦后，得以返回家乡。五原郡太守王智是中常侍王甫的弟弟，指控蔡邕诽谤朝廷，于是蔡邕流亡江湖，前后达十二年。董卓听说了蔡邕的名声，便征召他做自己的僚属。蔡邕自称有病，不肯接受征召。董卓大怒，骂道："我能把蔡邕全族杀得一个不剩！"蔡邕感到恐惧，只得接受命令。他到洛阳后，被任命为司空祭酒。董卓对蔡邕十分敬重，以考绩优秀为理由举荐他，使他在三日内连续升迁三次，在三个不同的官署任职，最后被任命为侍中。

董卓对袁绍说："天下的君主，应该由贤明的人来担任。每当想起灵帝，就使人愤恨。'董侯'看似不错，现在我打算改立他为皇帝，不知他是否能胜过'史侯'？有的人小事聪明，大事糊涂，谁知道他又会怎样？如果他也不行，刘氏就不值得再留种了！"袁绍说："汉朝统治天下约四百年，恩德深厚，万民拥戴。如今皇上年龄尚幼，没有什么过失传布天下。您想废嫡立庶，恐怕众人不会赞同您的提议！"董卓手按剑柄，呵斥袁绍说："小子，你胆敢这样放肆！天下大事，难道不由我决定！我要想这样做，谁敢不服从？你以为董卓的刀不锋利吗？"袁绍勃然大怒，说："天下的英雄豪杰，难道只有你董公一个人！"袁绍把佩刀横过来，向众人作揖，径直而出。董卓因新到洛阳，见袁绍是累代高官的大家，所以没敢害他。袁绍把司隶校尉的符节悬挂在上东门，离开洛阳逃奔冀州。

九月，癸酉（疑误），董卓召集文武百官，蛮横地说："皇帝没有能力，不可以奉承宗庙，做统治天下的君主。如今，我想依照伊尹、霍光的前例，改立陈留王为皇帝，你们觉得怎样？"公卿及以下官员都十分惶恐，没有人敢回答。董卓又高声说："从前霍光定下废立的大计后，田延年手握剑柄，准备诛杀反对的人。现在有谁胆敢反对这项计划，都以军法从事！"在座的人无不震惊。只有尚书卢植说："从前太甲继位后昏庸不明，昌邑王有千余条罪状，所以有废立之事发生。现在的皇帝年龄尚幼，行为没有过失，不能与前例相比。"董卓大怒，离座而去。他准备杀卢植，蔡邕为卢植求情，议郎彭伯也劝阻董卓，说："卢尚书是全国有名的大儒，受人尊敬。现在先杀了他，将使全国都陷入恐怖之中。"董卓这才停止动手，只是免去卢植的官职。于是，卢植逃到上谷郡隐居起来。董卓派人把废立皇帝的计划送到太傅袁隗看，袁隗回报同意。

九月甲戌（初一），董卓又在崇德前殿召集百官，威胁何太后下诏废黜少帝刘辩，诏书说："皇帝为先帝守丧期间，没有尽到做儿子的孝心，而且仪表缺乏君王应有的威严。如今，废他为弘农王，立陈留王为皇帝。"袁隗把少帝刘辩身上佩带的玺绶解下来，进奉给陈留王刘协。然后扶弘农王刘辩下殿，向坐在北面的刘协称臣。何太后哽咽流涕，群臣都心中悲伤，但没有一个人敢说话。

董卓又提出："何太后曾经逼迫婆母董太皇太后，使她忧虑而死，违背了儿媳孝敬婆母的礼制。"把何太后迁到永安宫。大赦天下，把年号昭宁改为永汉。丙子（初三），董卓用毒药害死何太后。公卿及以下官员不穿丧服，在参加丧礼时，只穿白衣而已。董卓又把何苗的棺木掘出来，取出尸体，肢解后砍为节段，扔在道边。还杀死何苗的母亲舞阳君，把尸体扔在御树篱墙的枳苑中。

下诏任命朝中公卿及以下官员的子弟为郎官，以填补原来由宦官担任的职务，在宫殿侍候皇帝。

乙酉（十二日），任命太尉刘虞为大司马，封襄贲侯。董卓自己担任太尉，兼前将军，并加赐代表皇帝权力的符节，以及作为仪仗的斧钺和虎贲卫士，进封为侯。丙戌（十三日），任命太中大夫杨彪为司空。

甲午（二十一日），任命豫州牧黄琬为司徒。

董卓率领三公等大臣上书，请求重新审理陈蕃、窦武以及党人的案件，一律恢复爵位，派使者去祭悼他们的坟墓，并擢用他们的子孙为官。白波叛军进攻河东郡，董卓派部下将领牛辅率军讨伐。

十一月，任命董卓为相国。允许他在参拜皇帝时不唱名，上朝不趋行，佩剑穿鞋上殿。十二月，戊戌（疑误），任命司徒黄琬为太尉，司空杨彪为司徒，光禄勋荀爽为司空。

　　起初，尚书、武威人周毖，城门校尉、汝南人伍琼劝说董卓矫正桓帝、灵帝时的弊政，征召天下有名望的士人，以争取民心。董卓采纳了这个建议，命令周毖、伍琼与尚书郑泰、长史何等淘汰贪脏枉法与不称职的官员，选拔被压抑的人才。于是，征召未做过官的士人荀爽、陈纪、韩融、申屠蟠入朝任职。又派使者到荀爽家乡去任命他为平原国相，荀爽赴任途中走到宛陵，又被任命为光禄勋。荀爽到任办公三天，又升任司空。从他被征召，到升任三公，一共九十三天。又任命陈纪为五官中郎将，韩融为大鸿胪，陈纪是陈的儿子，韩融是韩韶的儿子。荀爽等人都害怕董卓的残暴，被征召就不敢来。只有申屠蟠接到被征召的命令后没有动身，别人都劝他前往，他笑而不答。董卓到底没能勉强他做官，他活到七十余岁，在家寿终正寝。董卓又任命尚书韩为冀州牧，侍中刘岱为兖州刺史，陈留人孔为豫州刺史，东平人张邈为陈留太守，颍川人张咨为南阳太守。董卓自己的亲信都没有担任高官，只是在军队中担任中郎将、校尉一类的职务。

　　下诏废除光熹、昭宁、永汉三个年号，仍称本年为中平六年。

　　董卓性情残忍，一旦控制朝政大权，全国武装力量和国库中的珍宝等全由他掌握，威震天下，欲望没有止境。他对门下的宾客说："我的相貌，是尊贵无上的！"侍御史扰龙宗晋见董卓汇报事情，没有解下佩剑，立刻就被打死。当时，洛阳城内的皇亲国戚很多，宅第相望，家家都堆满了金银财宝。董卓放纵部下的士兵冲入他们的内宅，强夺财物，奸淫掳掠妇女不回避皇亲国威。致使人心惶恐，朝不保夕。

点评：

何进和袁绍合谋诛诸宦官，不顾朝臣反对私召凉州军阀董卓入京。后因泄密，何进被宦官所杀。袁绍、曹操带兵入宫，杀尽宦官，控制朝廷。随后董卓率军进入洛阳，并领何进的部队，又使吕布杀丁原，并吞其众。由此势力大盛，得以据兵擅政。废黜少帝，杀何太后，立陈留王刘协为汉献帝，又逼走袁绍等人，独揽军政大权。董卓放纵士兵在洛阳城中大肆剽虏财物，淫掠妇女。又虐刑滥罚，以致人心惶惶。与此同时，他又为党人恢复名誉，起用士大夫，企图笼络人心。

十四、 关东联军，董卓迁都

董卓悬赏捉拿袁绍，催逼急迫。周珌、伍琼对董卓说："废立皇帝这种大事，不是平常人所能明白的。袁绍不识大体，得罪了您以后，心里害怕而出逃，并没有别的想法。如今急着悬赏捉拿他，势必会使他反叛。袁氏家族连续四世建立恩德，门生、故吏遍布天下，假若袁绍收罗豪杰以聚集徒众，其他的豪杰便会乘机起事，那样的话崤山以东地区就不归您所有了。不如赦免袁绍，任命他为一个郡的太守，他因赦免而感到高兴，就必定不会再有后患。"董卓认为有理，于是派使臣去任命袁绍为勃海太守，封乡侯。又任命袁术为后将军，曹操为骁骑校尉。

袁术害怕董卓，出奔南阳。曹操改名换姓，从小路向东逃回家乡，经过中牟县时，亭长疑心他来历不明，促起来送到县里。当时县里已收到董卓下令缉捕曹操的公文，只有功曹心里知道他是曹操，认为天下正乱，不应该拘捕英雄豪杰，就向县令建议，把曹操释放。曹操回到陈留郡，把家产出卖，集结起五千人的部队。

这时候，天下的豪杰之士多准备起兵讨伐董卓。袁绍在勃海郡，冀州牧韩派了几个部从事来监视他，使他无法起兵。东郡太守桥瑁伪造了一份京城中三公给各州、郡的文书，陈述董卓的种种罪恶，说："我们受到逼迫，无法自救，盼望各地兴起义兵，解除国家的大难。"韩得到这份文书，请属下的从事们来商议，向他们说："如今应当帮助袁绍呢，还是帮助董卓呢？"治中从事刘子惠说："如今起兵是为了国家，怎么谈到袁绍、董卓！"韩面有惭愧之色。刘子惠又说："起兵是很凶险的事情，不能抢先发动。现在应派人去看其他各州，有人发动，我们然后再响应。冀州的势力不比其他州弱，别人的功劳不会在冀州之上。"韩认为有理，于是写信给袁绍，讲述董卓的罪恶，对他起兵表示赞同。

春季，正月，函谷关以东的各州、郡全都起兵讨伐董卓，推举勃海太守袁绍为盟主。袁绍自称车骑将军，诸将全都被临时授予官号。袁绍与河内郡太守王匡驻军河内、冀州牧韩留守邺城，供应军粮。豫州刺史孔驻军颍川，兖州刺史刘岱、陈留郡太守张邈、张邈的弟弟广陵郡太守张超、东郡太守桥瑁、山阳郡太守袁遗、济北国相鲍信和曹操都驻军酸枣，后将军袁术驻军鲁阳。各路军马都有数万人。各路豪杰多拥戴袁绍，只有鲍信对曹操说："现在谋略超群，能拨乱反正的人就是阁下了。假如不是这种人才，尽管强大，却必将失败。您恐怕是上天所派来的吧！"

癸酉，董卓派郎中令李儒用毒酒杀死了弘农王刘辩。

董卓准备大规模发兵去讨伐崤山以东地区。尚书郑泰说："为政在于德，而不在于兵多。"董卓很不高兴地说："照你这么讲，军队就没有用吗？"郑泰说："我不是那个意思，而是认为崤山以东不值得出动大军讨伐。您在西州崛起，年轻时就出任将帅，熟习军事。而袁绍是个公卿子弟，生长在京城；张邈是东平郡的忠厚长者，坐在堂上，眼睛都不会东张西望；孔中会高谈阔论，褒贬是非；这些人全无军事才能，临阵交锋，决不是您的对手。何况他们的官职都是自己封的，未得朝廷任命，尊卑没有次序。如果倚仗兵多势强来对阵，这些人将各自保存实力，以观成败，不肯同心合力，共进共退。而且崤山以东地区太平的时间已很长，百姓不熟悉作战，函谷关以西地区新近受过羌人的攻击，连妇女都能弯弓作战。无下人的畏惧，没有像对并州、凉州的军队作为爪牙，作战起来犹如驱赶老虎猛兽去捕捉狗羊，鼓起强风去扫除枯叶，谁能抵抗！无事征兵会惊动天下，使得怕服兵役的人聚集作乱。放弃德政，而动用军队，是损害自己的威望。"董卓这才高兴。

　　董卓认为崤山以东的军事联盟声势浩大，打算把京都由洛阳迁到长安进行躲避。公卿都不愿意，但没有敢说。董卓上表推荐河南尹朱俊为太仆，作为自己的副手，派使者去召朱俊接受任命。朱俊拒不接受，对使者说："把京都向西迁徙，必然会使天下失望，反而给崤山以东的联军造成了机会，我认为不应该这样作。"使者说："召您接受太仆的任命，而您拒绝了，没有问起迁都的事情，您却说了许多，这是为什么？"朱俊说："作为相国的副手，是我所不能承担的重任；而迁都是失策，又很急迫。我拒绝无力承担的重任，说出认为是当务之急的事情，正是作臣子的本分。"因此，董卓不再勉强朱俊做自己的副手。

　　董卓召集公卿商议迁都，说："高祖建都关中，共历十一世；光武帝建都洛阳，到现在也是十一世了。按照《石包谶》的说法，应该迁都长安，以上应天意，下顺民心。"百官都默不作声。司徒杨彪说："迁都改制，是天下大事。殷代盘庚迁都亳邑，就引起殷民的怨恨。从前关中地区遭到王莽的破坏，所以光武帝改在洛阳建都，历时已久，百姓安乐。现在无缘无故地抛弃皇家宗庙与先帝的陵园，恐怕会惊动百姓，定将导致大乱。《石包谶》是一本专谈妖邪的书，怎么能相信使用！"董卓说："关中土地富饶，所以秦国能吞并六国，统一天下。而且陇右地区出产木材，杜陵在武帝留下的烧制陶器的窑灶，全力经营，很快就能安顿好。跟百姓怎么值得商量，如果他们在前面反对，我以大军在后驱赶，可以让他们直赴沧海。"杨彪说："动天下是很容易的，但再安天下就很困难了，愿您考虑！"董卓变脸说："你要阻挠国家大计吗？"太尉黄琬说："这是国家大事，杨公所说的，恐怕是可以考虑的。"董卓不答话。司空荀爽看见董卓已很生气，恐怕他要伤害杨彪等人，于是和缓地说："难道相国是乐于这样做吗？崤山以东起兵，不是一天可以平定的，所以要先迁都，以对付他们。这正与秦朝和汉初的情况相同。"董卓怒气稍平息。黄琬退下后，又上书反对迁都。

二月，乙亥（初五），董卓以灾异为借口，上奏皇帝，免除黄琬、杨彪的职务。任命光禄勋赵谦为太尉，太仆王允为司徒。城门校尉伍琼、督军校尉周毖坚决劝谏，反对迁都，董卓大怒，说："我初入朝，你们两个劝我选用良善之士，我听从了，而这些人到任后，都起兵反对我，这是你们两个人出卖我，我有什么对不起你们！"庚辰（初十），逮捕伍琼、周毖，将他们处斩。杨彪、黄琬恐惧，就到董卓那里谢罪。董卓也因杀死伍琼、周毖而感到后悔，于是上表推举杨彪、黄琬为光禄大夫。

董卓征召京兆尹盖勋为议郎。这时左将军皇甫嵩统兵三万驻扎在扶风，盖勋秘密与皇甫嵩商议讨伐董卓。正在这时，董卓也征召皇甫嵩为城门校尉。皇甫嵩的长史梁衍向皇甫嵩建议说："董卓在京城抢掠，随自己的心意废立皇帝。如今征召将军，大将有性命之忧，小则会受到羞辱。现在乘董卓在洛阳，天子到西方来，将军统率大军迎接皇帝，然后奉皇帝之命讨伐叛逆董卓，向各地将领征兵，袁绍等人在东边进攻，将军在西边夹击，这就能生擒董卓！"皇甫嵩没有采纳他的建议，接受了征召，动身去洛阳。盖勋因自己兵弱不能独立，也回到洛阳。董卓任命盖勋为越骑校尉。河南尹朱俊对董卓分析军事形势，董卓轻蔑地说："我百战百胜，胸中自有主张。你不要胡说，否则你的血将玷污我的宝刀！"盖勋说："从前武丁那样圣明的君王，还请求别人提建议，何况像您这样的人，竟要封住别人的嘴吗？"董卓于是表示歉意。

董卓派军队到阳城，正好百姓在祭祀土地神的场所集会。军队就当场把男人全部斩杀，用他们的车子，装载俘虏的妇女，把人头系在车辕上，唱着叫着回到洛阳，宣称："攻击叛军，大获全胜！"董卓把人头烧掉，把妇女分给士兵做奴婢或妾。

丁亥（十七日），献帝刘协西迁长安。董卓逮捕洛阳城中富豪，加以罪恶之名处死，把他们的财物没收，死者不计其数。驱赶剩下的数百万居民，都向长安迁徙。命步兵、骑兵在后逼迫，马踏人踩，互相拥挤，加上饥饿和抢掠，百姓不断死去，沿途堆满尸体。董卓自己留驻在毕圭苑中，命部下纵火焚烧一切宫殿、官府及百姓住宅，二百里内，房屋尽毁，不再有鸡犬。又让吕布率兵挖掘历代皇帝陵寝和公卿及以下官员的墓地，搜罗珍宝。董卓曾捉到一批山东兵，他命人用十余匹涂上猪油的布裹到这些山东兵的身上，然后从脚上点火，将他们烧死。

三月，乙巳（初五），献帝到达长安，在京兆尹的府中住下。后将宫殿稍加修整，才搬入宫中。这时董卓还未到长安，朝中大小事务都交给司徒王允负责。王允在外补救缺失，在内为王室筹划，很有大臣风度，从天子到文武百官，都倚靠王允。王允对董卓曲意逢迎，而董卓也一直信任王允。

点评：

冀州牧韩馥与袁绍等人联合关东各州郡兴兵声讨董卓。黄巾余部也陆续起兵关东。董卓挟持献帝西都长安，临行把洛阳的金珠宝器强行劫走，并焚烧宫庙、官府和居家，并胁迫洛阳几百万居民一起西行，致使洛阳荒芜凋敝，毫无人烟。

十五、疾风知劲草

董卓因袁绍的缘故，戊午（十八日），杀死太傅袁隗、太仆袁基，及其袁家婴孩以上的五十余口。

起初，荆州刺史王睿与长沙太守孙坚共同讨伐零陵、桂阳二郡的叛贼。王睿因孙坚是个武官，言语之中很轻视他。各州、郡起兵讨伐董卓时，王睿与孙坚也一同起兵。王睿一向与武陵太守曹寅互不来往，扬言要先杀死曹寅。曹寅害怕了，就伪造一份朝廷按行使者的公文给孙坚，宣布王睿的罪状，要孙坚拘捕王睿，行刑后，再把情况上报。孙坚得到这份公文，就率军袭击王睿。王睿听说孙坚部队到来，登上城楼眺望，派人前去询问："你们要干什么？"孙坚的前锋部队回答说："士兵长期征战，很辛苦，想面见刺史请求发给军饷。"王睿在楼上见到孙坚，大惊，问他："士兵自来求赏，孙太守怎么也在其中？"孙坚说："接到使者的公文，要处死你。"王睿说："我犯了什么罪？"孙坚说："你犯了'无所知'的罪，"王睿被逼无奈，只好刮下金屑，吞饮而死。孙坚率军前进到南阳，部众已经有数万人。南阳太守张咨不肯供给军粮，孙坚将他诱出而斩杀。南阳郡中十分惊恐，孙坚要什么就给什么。孙坚进军到鲁阳，与袁术合兵。袁术因此得以占领南阳，上表保奏孙坚代理破虏将军兼豫州刺史。

献帝下诏任命北军中侯刘表为荆州刺史，当时遍地都是盗贼，阻断了道路。刘表单人匹马进入宜城，请来南郡的名士蒯良、蒯越，与他们商议说："如今江南宗党势力十分强大，各自拥兵独立，假如袁术借助他们的力量乘机来攻，必然会大祸监头。我想征兵，但恐怕征集不起来，你们有什么高见！"蒯良说："民众不归附，是宽仁不够；归附而不能治理，是恩义不足。只要施行仁义之道，百姓就会归附，像水向下流一样，为什么担心征集不到呢？"蒯越说："袁术骄傲而缺乏谋略。宗党首领多贪残凶暴，部下离心离德，若让人显示好处，这些首领必然会率众前来。您把横行无道者处死，收编他们的部下，州内百姓都想安居乐业，听说了您的威望和恩德，一定会扶老携幼，前来投奔。聚集兵众后，据守江陵和襄阳这南、北两处，荆州境内的八郡，发布公文就可平定。即使那时袁术来攻也无计可施。"刘表说："很好！"就派蒯越去引诱各宗党首领，有五十五个首领来到，刘表把他们全部处斩，吞并他们的部队。于是把州府移到襄阳，镇压安抚郡县，荆州属下的长江以南地区全部平定。

董卓镇守洛阳，袁绍等各部队都畏惧董卓军力强盛，无人胆敢先行进攻。曹操说："我们兴起义兵来诛除暴乱，大军已经集结，诸位还有什么迟疑！假如董卓倚仗皇帝的权威，据守洛阳，向东进军，尽管他凶残无道，也会成为我们的大患。如今他烧毁宫殿，强迫天子迁徙，全国惊动，不知道该跟从谁，这正是上天赐予我们灭亡董卓的时机，一战就可以平定天下。"于是，曹操率军向西进发，准备攻占成，张邈拨出部分军队，派部将卫兹率领，随曹操一同进军。曹军行进到荥阳汴水，与董卓部将玄菟人徐荣的部队相遇，双方交战，曹军战败。曹操被流箭射中，所骑的马也受了伤。他的堂弟曹洪把马让给他，他不肯接受，曹洪说："天下可以没有曹洪，不可以没有您！"于是曹操上马，曹洪步行跟从，乘着黑夜逃走。而徐荣见曹操虽然兵少，但奋战了一整天才败退，认为酸枣不容易攻破，也率军返回。

曹操回到酸枣，见到各路军马十余万，每天只是喝酒聚会，没人图谋进取。曹操责备他们，并建议说："你们如能听从我的计划，请袁绍率领河内诸军进逼孟津，而驻扎酸枣的各位将领则据守成，占领敖仓，封锁辕、太谷，控制全部险要地区；请袁术率领南阳军阴进驻丹水、析县，攻入武关，以威胁三辅地区。各部队全都高筑营垒，坚守不战，多布置疑兵，显示出天下大军汇集的形势，然后名正言顺地讨征叛逆，可以很快平定局势。如今我们号称义兵，但一直迟疑不前，使天下人失望，我为大家感到羞耻！"张邈等不采纳他的建议。于是曹操与司马沛国人夏侯等到扬州去招募新兵，得一千余人，返回后驻扎在河内郡。

不久，驻在酸枣的各路军队因为粮食吃尽，兵众四散。兖州刺史刘岱与东郡太守桥瑁相互敌视，刘岱杀死桥瑁，任命王肱兼任东郡太守。青州刺史焦和也起兵讨伐董卓，想与各路将领会合，一道西征，没有保护本州人民的安全。他的军队刚开始渡黄河，黄巾军已进入了青州。青州地区一向富庶，军队装备很优良，但焦和每次作战都望风而逃，从来没有与敌人正面交过锋。他非常相信占卜，信奉鬼神。见面观察他，他长于高谈阔论，出来看他的政务，则赏罚不明。结果全州一派萧条景象，到处都是废墟。不久，焦和病死，袁绍派广陵人臧洪兼任青州刺史，安抚百姓。

夏季，四月，任命幽州牧刘虞为太傅，因为道路阻断，使者和诏书无法到达。以前，由于幽州境外是边远地区，所需费用很多，每年都从青州、冀州二州所交的赋税中拨出两亿多钱，来补助幽州。这时，各地的联系都因战乱而断绝，补助也运不到。刘虞身披破旧衣裳，脚穿草鞋，进餐时只吃一个肉菜，为政宽厚，劝导督促百姓从事农业、桑蚕业，开放上谷郡的胡市，与胡人交易取利，发展渔阳郡的盐、铁生产，使百姓欢悦，粮食丰收，每石谷价只有三十钱。青州、徐州的士人和百姓为了避难来投奔刘虞的达到一百余万人。刘虞将他们全部收留，加以安扶，为他们安家立业，使这些人都忘记自己是流亡在外。

董卓派大鸿胪韩融、少府阴、执金吾胡母班、将作大匠吴、越骑校尉王去招抚关东将领，劝说袁绍等人服从朝廷。胡母班、吴、王走到河内，袁绍命令王匡把他们全都抓起来杀掉。袁术也杀死了阴，只有韩融因德高望重，免于一死。

董卓废除五铢钱，另铸小钱作为货币。把洛阳及长安所有的铜人、鹿头龙身铜像、雀头鹿身蛇尾铜像、铜马等都熔掉铸钱，从此钱贱物贵，物价猛涨，每石谷价高达数万钱。

冬季，孙坚与部下官员正在鲁阳城东饮酒聚会，董卓部下数万步、骑兵忽然来到。孙坚一边敬酒谈笑，一边整顿军队，不许轻举妄动。后来骑兵逐渐增多，孙坚才慢慢站起身。他率领大家入城后，才说："刚才，我所以没有立即起身。是恐怕部队慌乱，互相拥挤，使你们无法入城。"董卓的军队看孙坚部伍严整，不敢进攻而退还。

王匡驻在河阳津，董卓派军袭击，大破王匡军队。

中郎将徐荣向董卓推荐同郡人、前冀州刺史公孙度，董卓任命他为辽东郡太守。公孙度到任后，依照法律处死郡中豪门大姓一百余家，全郡的人震惊。于是他向东征伐高句骊，向西攻击乌桓部族。他对亲信官吏柳毅、阳仪等说："汉朝的统治将要完结，我要和你们一同建立起一个王国。"分割辽东郡的一部分，设置辽西郡、中辽郡，各设太守。并渡海去占领东莱各县，设置营州，委派营州刺史。公孙度自称为辽东侯、平州牧，建立汉朝高祖刘邦和世祖光武帝刘秀的祭庙，代表皇帝发号施令，在郊外祭祀天地，并举行藉田之礼，以表示重视农业。他出入时乘坐皇帝使用的鸾车，设有旄头、由羽林骑士护卫。

关东各州、郡起兵讨伐董卓的将领们商议，认为献帝年龄幼小，被董卓所控制，又远在长安，关塞相隔，不知生死，幽州牧刘虞是宗室中最贤明的，准备拥立他为皇帝。曹操说："我们这些人所以起兵，而且远近之人无不响应的原因，正由于我们的行动是正义的。如今皇帝幼弱，虽为奸臣所控制，但没有昌邑王刘贺那样的可以导致亡国的过失，一旦你们改立别人，天下谁能接受！你们向北边迎立刘虞，我自尊奉西边的皇帝。"韩、袁绍写信给袁术说："皇帝不是灵帝的儿子，我们准备依周勃和灌婴废黜少主，迎立代王的先例，尊奉大司马刘虞为皇帝。"袁术暗中怀有当皇帝的野心，认为国家有一个年长的皇帝对自己不利，于是表面假托君臣大义，拒绝了韩和袁绍的建议。袁绍再次给袁术写信，说："如今西边名义上有一个年幼的皇帝，而并没有皇家的血统。公卿等朝臣都谄媚董卓，怎能再相信他们！只要派兵去守住关口要塞，自会把他们全都困死。我们在东边拥立一个圣明的皇帝，就可期望过上太平日子，为什么迟疑不决？再说，咱们全家被杀，你不想想伍子胥是怎样为父兄报仇的，难道可以再向这样的皇帝称臣吗？"袁术回信说："皇帝职明睿智，有周成王姬诵那样的资质。贼臣董卓乘国家危乱之时，用暴力压服群臣，这是汉朝的一个小小厄运，你说皇帝'没有皇家血统'，这岂不是诬蔑吗？你还说'全家被杀，难道可以再向这样的皇帝称臣'，这事是董卓做的，岂是皇帝吗？我满腔赤诚，志在消灭董卓，不知其他的事情！"韩与袁绍竟然派遣前任乐浪郡太守张岐等带着他们的提议到幽州，向刘虞奉上皇帝的尊号。刘虞见到张岐等人，厉声呵斥他们说："如今天下四分五裂，皇帝在外蒙难，我受到国家重恩，未能为国雪耻。你们各自据守州郡，本应尽心尽力为王室效劳，却反而策划这种逆谋来沾污我吗？"他坚决拒绝。韩等人又请求刘虞主持尚书事务，代表皇帝封爵任官，刘虞仍不接受，打算逃入匈奴将自己隔绝起来，袁绍等人这才作罢。

孙坚率军移驻梁县以东，被董卓部将徐荣打败，他又收集残部进驻阳人。董卓派遣东郡太守胡轸统率步、骑兵五千人，攻打孙坚，任命吕布为骑督。胡轸与吕布不和，孙坚出来迎战，大破胡轸，斩杀他部下的都督华雄。

有人对袁术说："假如孙坚攻占洛阳，就不能再控制他，这是除掉了狼而得到了虎。"袁术感到疑虑，便不再给孙坚运送军粮。孙坚连夜奔驰，去见袁术，在地上画图为他分析形势，说："我所以奋不顾身，上为国家讨伐逆贼，下为将军报家门私仇。我与董卓并没有个人怨恨，而将军却听信外人的挑拨之言来猜忌我，这是为什么？"袁术惭愧不安，立即调拨军粮。

孙坚回到驻地，董卓派将军李傕劝说孙坚，表示愿与孙坚结成儿女亲家，并要孙坚把他子弟中想做刺史、太守的，开列一个名单，由他推荐任用。孙坚说："董卓逆天无道，我今天要是不能灭你三族，昭示天下，则我死不瞑目，怎会与你结亲！"孙坚继续进军，抵达距洛阳九十里的大谷。董卓亲自出击，与孙坚在诸陵园之间交战，董卓败逃，退守渑池，在陕县集结兵力。孙坚进入洛阳，进攻吕布，吕布也被打败，退走。于是孙坚打扫皇帝宗庙，用猪、牛、羊进行祭祀。在城南甄官署的水井中，找到了传国御玺。他又分兵到新安、渑池，以逼迫董卓。

董卓对长史刘艾说："关东的叛军屡败，都畏惧我，不会有什么作为。只有孙坚有点不知死活，挺会用人，应该告诉诸将，让他们知道提防。我从前与周慎到金城郡西征边章、韩遂，我向张温请求率领部下做周慎的后援，张温不同意。张温又派我去讨伐先零的叛乱羌人，我知道不能取胜，但又不能不去，于是出发，留下别部司马刘靖率领四千步、骑兵驻在安定，作为呼应。羌军想切断我的归路，我只作轻微攻击就冲开了阻截，这是因为他们害怕安定的驻军。羌军以为安定会有数万大军，不知只有刘靖一支部队。孙坚随周慎作战，向周慎请求先率一万人前往金城，让周慎率二万人为后援。边章、韩遂害怕周慎的大军，不敢轻易与孙坚开战，而孙坚的军队足以切断他们的粮道。假如周慎那帮小子能用孙坚的计谋，凉州或许能够平安。而张温既不能听从我，周慎又不能听从孙坚，最后只能战败而退走。孙坚是个佐军司马，见解却与我大致相同，确实是可用之才。只是他无缘无故地跟随袁家的那些公子，最终还是会送命的！"于是，董卓派东中郎将董越驻守渑池，中郎将段煨驻守华阴，中郎将牛辅驻守安邑，其余的将领分布各县，以抵御山东联军的进攻。

牛辅是董卓的女婿。董卓回到长安。孙坚在修复历代皇帝的陵墓后，率军回到鲁阳。

点评：

以袁绍为首的关东联军各怀鬼胎，军心涣散，不攻自破。只有曹操和孙坚两支队伍敢于董卓正面抗争。真可谓"乱世见英雄，疾风知劲草"。

十六、狼烟四起

夏季，四月，董卓抵达长安。公卿都来迎接，在他车前参拜。董卓击掌对御史中丞皇甫嵩说："皇甫义真，你害怕不害怕？"皇甫嵩回答说："您以德辅佐朝廷，巨大的喜庆方才到来，我有什么害怕的！如果随意杀戮，滥施刑罚，则天下人人畏惧，岂只是我一个人呢！"董卓的党羽想依照周朝开国功臣羌子牙的先例，尊称董卓为"尚父"。董卓征求蔡邕的意见，蔡邕说："您的威德，确实很高，但我觉得不可以与姜子牙相比。应该等到平定函谷关以东的叛乱，皇帝返回旧京洛阳，然后再商议此事。"于是董卓作罢。

董卓命令司隶校尉刘嚣，将官员与百姓中儿女不孝顺父母、臣属不忠于长官，官吏不清廉以及弟弟不尊敬兄长的人进行登记，一律处死，财物由官府没收。于是有许多人互相诬告，含冤而死的人数以千计。百姓惶恐不安，在路上相遇时，只敢用眼睛相互示意。

起初，何进派遣云中人张杨回并州去招募兵马。恰赶上何进被杀，张杨就留在上党，有部众数千人。袁绍在河内，张杨前往归附，与南匈奴单于於扶罗共同在漳水岸边扎营。冀州刺史韩因为各地豪杰多拥戴袁绍，心中嫉妒，暗地里减少对袁绍的军粮供应，想使他的军队离散。正在这时，韩部将曲义叛变，韩进行讨伐，反被曲义战败。袁绍就乘此机会与曲义联合。

袁绍的门客逢纪对袁绍说："将军倡导大事，却要依靠别人供应粮草，如果不能占据一个州作为根据地，就不能保全自己。"

袁绍说：“冀州兵强，而我的部下又饥又乏，假如不能成功，就没有立足之处了。”逢纪说：“韩是一个庸才，您可秘密联络公孙瓒，让他攻打冀州。韩必然惊慌恐惧，我们便乘机派遣有口才的使节去为他分析祸福，韩迫于突然发生的危机，必然肯把冀州出让给您。”袁绍觉得有理，就写信给公孙瓒。公孙瓒率军到冀州，表面上声称去讨伐董卓，而密谋袭击韩。韩与公孙瓒交战，失败。正好董卓进入函谷关，袁绍便率军返回延津，派外甥、陈留人高干与韩所亲信的颍川人辛评、荀谌、郭图等人去游说韩：“公孙瓒统率燕、代两地的军队乘胜南下，各郡纷纷响应，军锋锐不可当。袁绍又率军向东移动，意图不可估量，我们为将军担心。”韩心中恐慌，问他们说：“既然这样，那么该怎么办呢？”荀谌说：“您自己判断一下，宽厚仁义，能为天下豪杰所归附，比得上袁绍吗？”韩说：“比不上。”荀谌又问：“那么，临危不乱，遇事果断，智勇过人，比得上袁绍吗？”韩说：“比不上。”荀谌再问：“数世以来，广布恩德，使天下家家受惠，比得上袁绍吗？”韩说：“比不上。”荀谌说：“袁绍是这一时代的人中豪杰，将军以三方面都不如他的条件，却又长期在他之上，他必然不会屈居将军之下。冀州是天下物产丰富的重要地区，他要是与公孙瓒合力夺取冀州，将军立刻就会陷入危亡的困境。袁绍是将军的旧交，又曾结盟共讨董卓，现在办法是如果把冀州让给袁绍，他必然感谢您的厚德，而公孙瓒也无力与他来争。这样，将军便有让贤的美名，而自身则比泰山还要安稳。”韩性情怯懦，于是同意了他们的计策。韩的长史耿武、别驾闵纯、治中李历得到消息，劝阻韩说："冀州地区可以集结起百万大军，所存粮食够吃十年。袁绍只是一支孤单而缺乏给养的客军，仰仗我们的鼻息，好像怀抱中的婴儿，不能他奶吃，立刻就会饿死，为什么要把冀州交给他呢！"韩说："我本来是袁家的老部下，才干也不如袁绍，自知能力不足而让贤，是古人所称赞的行为，你们为什么偏要反对呢？"先前，韩派从事赵浮、程涣率领一万名弓弩手驻守孟泽，他们听到这个消息，率军火速赶回冀州。当时袁绍在朝歌清水口，赵浮等从后赶来，有战船数百艘，兵众一万余人，军容鼓声整齐，在夜里经过袁绍的军营，袁绍十分厌恶。赵浮等赶到冀州，对韩说："袁绍军中没有一斗粮食，已经各自离散，虽然有张杨、於扶罗等新近归附，但不会为他效力，不足以为敌。我们这几个小从事，愿领现有部队抵御他，不过十天，袁军必然土崩瓦解。将军您只管打开房门，放心睡觉，既不用忧虑，也不必害怕！"韩仍不采纳，于是离开冀州牧官位，从官府中迁出，在中常侍赵忠的旧宪居住，派儿子把印绶送给袁绍，让出冀州。袁绍将要到达邺城，韩部下的十名从事争先恐后地离开韩，唯独耿武、闵纯挥刀阻拦，但禁止不了，只好作罢。袁绍来到后，将耿武、闵纯二人处死。袁绍于是兼任冀州牧，以皇帝的名义任命韩为奋威将军，但既没有兵，也没有官属。袁绍任命广平人沮授为奋武将军，派他临护所有将领，对他十分宠信。魏郡人审配、巨鹿人田丰都因为人正直，不为韩欣赏，袁绍任命田丰为别驾，审配为治中，与南阳人许攸、逢纪、颍川人荀谌都成为袁绍的主要谋士。

袁绍任命河内人朱汉为都官从事。朱汉原先曾被韩轻慢，这时又想迎合袁绍的心意，便擅自发兵包围韩的住宅，拔刀登屋。韩逃上楼去，朱汉捉到韩的大儿子，将他的两只脚打断。袁绍立即逮捕朱汉，将他处死。但是韩仍然忧虑惊恐，请求袁绍让他离去，袁绍同意，于是韩就去投奔陈留郡太守张邈。后来，袁绍派使者去见张邈，商议机密时，使者在张邈耳边悄声细语。韩当时在座，以为是在算计自己。过了一会儿，他起身走进厕所，用刮削简牍的书刀自杀。

鲍信对曹操说："袁绍身为盟主，却利用职权，专谋私利，将自行生乱，成为第二个董卓。如果抑制他，我们没有力量，只会树敌。我们可暂且先去黄河以南发展势力，等待形势变化。"曹操十分同意。正好黑山、于毒、白绕、眭固等下余万人进攻东郡，太守王肱不能抵御。曹操就率军进入东郡，在濮阳进攻白绕，将白绕打败。于是，袁绍便向朝廷举荐曹操为东郡太守，曹操将郡府设在东武阳。

南匈奴单于於抚罗动持张杨，背叛了袁绍，驻军黎阳。董卓任命张杨为建义将军，河内郡太守。

太史观察天象后声称，朝中大臣中将有人被杀死。董卓借机派人诬告卫尉张温与袁术秘密联络。冬季，十月，壬戌（初一），将张温在闹市中笞打而死，以应天象。

青州黄巾军进攻勃海，部众达三十万人，准备与黑山军会合。公孙瓒率领步、骑兵二万人在东光县以南迎击，大破黄巾军，斩杀三万余人。黄巾军丢弃辎重，奔逃渡过黄河。公孙瓒在黄巾军流过一半时逼近，黄巾军再次大败，死了数万人，河水被血染成了红色。被浮虏的有七万余人，车辆、甲胄和财物不计其数。公孙瓒威名大震。

刘虞的儿子刘和在宫廷担任侍中，献帝想要东归洛阳，便命刘和假装逃避董卓，秘密地经武关去见刘虞，要刘虞出兵去接献帝。刘和走到南阳时，袁术企图利用刘虞为外援，便扣住刘和，应许在刘虞兵到之后一起西行，命刘和给刘虞写信。刘虞接到信后，便派数千名骑兵去见刘和。公孙瓒知道袁术素有称帝的野心，就劝阻刘虞，但是刘虞不听。公孙瓒害怕袁术知道此事后会怨恨自己，也派堂弟分孙越率领一千名骑兵去见袁术，并暗中挑唆袁术扣留刘和，吞并刘虞派去的队伍。从此，刘虞与公孙瓒有了仇怨。刘和从袁术处逃走北上，又被袁绍留住不放。

这时，函谷关以东的各州、郡长官只顾相互吞并，扩充自己的势力，袁绍、袁术兄弟自身也离心离德。袁术派孙坚前去攻打董卓，孙坚尚未返回，袁绍就任命会稽人周昂为豫州刺史，偷袭并攻占孙坚的根据地阳城。孙坚叹息道："大家共同为大义而起兵，想要拯救国家，现在逆贼董卓就要被打败了，但我们却各自如此相待，我能与谁一起合力奋战呢！"孙坚率军还击周昂，周昂败退。袁术派公孙越帮助孙紧进攻周昂，公孙越被流箭射死。公孙瓒知道后大怒，说："我弟弟的死，祸首就是袁绍。"于是他率军驻扎磐河，上书朝廷，历数袁绍所犯的罪恶，然后进军攻击袁绍。冀州下属各城多数背叛袁绍而响应公孙瓒。袁绍感到恐慌，便把自己所佩带的勃海太守印绶授予公孙瓒的堂弟公孙范，派他前往勃海郡出任太守，以求和解。然而，公孙范随即便背叛了袁绍，率领勃海郡的军队，前去协助公孙瓒。公孙瓒自行任命部将严纲为冀州刺史，田楷为青州刺史，单经为兖州刺史，并全部更换了各郡、县的长官。

点评：

初平元年，关东州郡牧守联合起兵以讨董卓，袁绍被推为关东军盟主，自号车骑将军，统率十八路诸侯攻打董卓。袁绍夺取冀州牧韩馥地盘，自领冀州牧，此后又夺得青州、并州。

公孙瓒好战，与主张以怀柔政策对待少数民族的上司刘虞不和，二人矛盾逐渐激化，互相攻击，公孙瓒靠自己的军事才能以少胜多，杀死了刘虞，并挟持朝廷使者得到了总督北方四州的授权，分派刺史，成为北方最强大的诸侯之一。

十七、董卓被杀

董卓任命他的弟董为左将军，倒子董璜为中军校尉，都执掌兵权。他的宗族及亲戚都在朝中担任大官，就连董卓侍妾刚生下的儿子也都被封为侯爵，把侯爵用的金印和紫色绶带当作玩具。董卓所乘坐的车辆和穿着的各种衣饰，都与皇帝的一样。他对尚书台、御史台、符节台发号施令，尚书以下的官员都要到他的太师府去汇报和请示。他又在地修建了一个巨大的堡坞，墙高七丈，厚也有七丈，里面存了足够吃三十年的粮食。他对自己说："大事告成，可以雄踞天下；如果不成，守住这里也足以终老。"

董卓性情残暴，随意杀人，部下将领言语稍有差错，就被当场处死，致使人人自危。司徒王允与司隶校尉黄琬、仆射士孙瑞、尚书杨瓒等密谋除掉董卓。中郎将吕布精于骑射，力气超过常人。董卓知道自己待人寡恩无礼，害怕遭到暗害，无论去什么地方，都常常让吕布做自己的随从侍卫，对他十分宠信，发誓说情同父子。但是董卓刚愎自用，曾经为了一件不合自己心意的小事拔出手戟掷向吕布。吕布身手矫健，避开手戟，又和言悦色地向董卓道歉，董卓才息怒作罢。吕布从此暗中怨恨董卓。董卓又命吕布守卫，吕布乘机与董卓的一位侍女私通，越发心中不安。王允一向待吕布很好。吕布见王允时，主动说出几乎被董卓所杀的事情，于是王允将诛杀董卓的计划告诉吕布，并让他做内应。吕布说："但我们有父子之情，怎么办？"王允说："你自姓吕，与他本没有骨肉关系，如今顾虑自己的生死都来不及，还谈什么父子！他在掷戟之时，难道有父子之情吗？"吕布应允。

夏季，四月，丁巳，献帝患病初愈，在未央殿大会朝中百官。董卓身穿朝服，乘车入朝。从军营到皇宫的道路两侧警卫密布，左侧是步兵，右侧是骑兵，戒备森严，由吕布等在前后侍卫。王允命士孙瑞自己书写诏书交给吕布。吕布让同郡人、骑都尉李肃与勇士秦谊、陈卫等十余人冒充卫士，身穿卫士的服装，埋伏在北掖门等待董卓。董卓一进门，李肃举戟刺去，董卓内穿铁甲，未能刺入，只伤了他的手臂，跌到车下。董卓回头大喊："吕布在哪里？"吕布说："奉皇帝诏令，讨伐贼臣！"董卓大骂说："狗崽子，你胆敢如此！"吕布没等董卓骂完，就手持铁矛将他刺死，并催促士兵砍下他的头颅。主簿田仪及董卓的奴仆扑到董卓的尸前，又被吕布杀死，共杀了三个人。吕布随即从怀中取出诏书，命令官兵们说："皇帝下诏，只讨董卓，其他人一概不问。"官兵们听后都立正不动，高呼万岁。百姓在街道上唱歌跳舞，以示庆祝。长安城中的士人、妇女卖掉珠宝首饰及衣服，用来买酒买肉，互相庆贺，街市拥挤得水泄不通。董卓的弟弟、董璜以及留在坞的董氏家族老幼，都被他们的部下用刀砍死，或用箭射死。董卓的尸体被拖到市中示众。当时天气渐热，董卓一向身体肥胖，油脂流到地上，看守尸体的官吏便做了一个大灯捻，放在董卓的肚脐上点燃，从晚上烧到天亮，就这样一连烧了几天。受过董卓迫害的袁氏家族的门生们，把已被斩碎的董卓尸体收拢起来，焚烧成灰，撒在大路上。坞中藏有黄金二三万斤，白银八九万斤，绫罗绸缎、奇珍异宝堆积如山。献帝任命王允主持尚书事务；吕布为奋威将军，假节、礼仪等待遇均与三公相等，封温侯，与王允一起主持朝政。

董卓被杀时，左中郎将、高阳侯蔡邕正在王允家中做客，听到这一消息后为之惊叹。王允勃然大怒，斥责说："董卓是国家的大贼，几乎灭亡了汉朝王室的统治。你是汉朝的大臣，应当同仇敌忾，而你怀念他的私人恩惠，反为他悲痛，这岂不是与他共同为逆吗？"当时就将蔡邕逮捕，送交廷尉。蔡邕承认自己有罪，说："虽然我身处这样一个不忠的地位，但对古今的君臣大义，耳中常听，口中常说，怎么会背叛国家而袒护董卓呢！我情愿在脸上刺字，砍去脚，让我继续写完《汉史》。"许多士大夫同情蔡邕，设法营救他，但没有成功。太尉马日对王允说："蔡邕是旷世奇才，对汉朝的史事典章了解很多，应当让他完成史书，这将是一代大典。而且他所犯的罪是微不足道的，杀了他，岂不使天下士人失望！"王允说："从前武帝不杀司马迁，结果使得他所作的谤书《史记》流传后世。如今国运中衰，兵马就在郊外，不能让奸佞之臣在幼主身边撰写史书，这既无益于皇帝的圣德，还会使我们这些人受到讥讽。"马日退出后，对别人说："王允的后代大概要灭绝！善人是国家的楷模，史著是国家的经典。毁灭楷模，废除经典，国家如何能够长久？"于是，蔡邕就死在狱中。

起初，黄门侍郎荀攸与尚书郑秦、侍中种辑等秘密商议："董卓骄横残忍，没有真正的亲信，虽然手握强兵，实际上不过是一个孤立的独夫民贼，可以径直把他刺死！"事情将成，而消息泄露，荀攸被捕入狱，郑泰逃走，投奔袁术。荀攸在狱中沉着镇定，言谈和饮食都与平时一样。恰好董卓被杀，荀攸得以幸免。

当初，吕布劝王允把董卓的部下全部杀死，王允说："这些人没有罪，不能处死。"吕布想把董卓的财物赏赐予朝中大臣及统兵将领，王允又没有答应。王允一向把吕布视为一员武将，不愿他干预朝政。而吕布认为自己诛杀董卓有功，到处夸耀。屡次失望，心中逐渐不高兴。王允性情刚直方正，疾恶如仇，当初因为畏惧董卓，不得不委曲求全。董卓被诛之后，他自认为不会再有什么祸难，颇为骄傲，因此部属们对他并不十分拥戴。

王允起初曾与士孙瑞商议，特别下诏赦免董卓部下。接着又感到迟疑，说道："部下只是遵从主人的命令，本无罪可言。如今要把他们作为恶逆之人予以赦免，恐怕反会招致他们的猜疑，并不是令他们安心的办法。"因而没有颁布赦书，后又商议全部解散董卓所统率的军队。有人对王允说："凉州人一直害怕袁绍，畏惧关东的大军。如今若是一旦解散军队，打开函谷关，董卓的部下一定会人人自危。可任命皇甫嵩为将军，率领董卓的旧部，并留驻陕县以进行安抚。"王允说："不然，关东的义兵将领与我们是一致的，现在如果再将大军留驻陕县，扼守险要，虽然安抚了凉州人，却会使关东将领起疑，这是不行的。"

当时，百姓中盛传要杀死所有的凉州人，于是那些原为董卓部下的将领惊恐不安，全都控制军队，以求自保。他们还相互传言：

"蔡邕只因受过董卓的信任和厚待，尚且被牵连处死。现在既没有赦免我们，又要解散我们的军队。如果今天解散军队，明天我们就会成为任凭宰杀的鱼肉了。"吕布派李肃前往陕县，宣布皇帝诏命，诛杀牛辅。牛辅等率军迎击李肃。李肃战败，逃回弘农，被吕布处死。牛辅心中惶恐不安，恰巧遇上军营中无故发生混乱，牛辅想弃军逃走，被左右亲信杀死。李等回到大营时，牛辅已死，李等无以依靠，便派使者前往长安请求赦免。王允回答说："一年之内，不能发布两次赦免令。"拒绝了他们的请求。李等更加害怕，不知如何是好，打算解散军队，个人分别走小路逃回家乡。讨虏校尉、武威人贾诩说："如果你们放弃军队，孤身逃命，只需一个亭长就能把你们捉起来，不如大家齐心合力，西进攻打长安，去为董卓报仇。如果事情成功，可以拥戴皇帝以号令天下，如若不成，再逃走也不迟。"李等同意。于是一起宣誓结盟，率领着数千人马，昼夜兼程向长安进发。王允知道胡文才、杨整修都是凉州有威望的人物，便召见胡、杨二人，想让他们去东方会见李等人，解释误会。可是王允在面见他们时，并没有和颜悦色，而是说："这些潼关东面的鼠辈，想要干什么？你们去把他们叫来！"因此，胡文才和杨整修去见李等人，实际上是把大军召回长安。

李沿途招集人马，等到达长安时，已有十余万之众。他们与董卓旧部樊稠、李蒙等会合，一起包围了长安。长安城墙高大，无法进攻。守到第八天，吕布属下的蜀郡士兵叛变。六月，戊午（初一），叛军引李部队入城，李等放纵士兵大肆抢掠。吕布与李等在城中交战不胜，便率领数百名骑兵，把董卓的头颅挂在马鞍上，突围出走。他在青琐门外停马，招呼王允一起逃走，王允回答说："如果得到社稷之灵保佑，国家平安，这是我最大的愿望，如果此愿不能实现，那么我将为之献出生命。如今皇帝年龄幼小，只能倚仗着我，遇到危险而自己逃命，我不忍心这样做。请勉励关东的各位将领，常将皇帝和国家大局放在心上。"太常种拂说："身为国家大臣，不能禁止暴力，抵御凌辱，致使刀枪指向皇宫，还想逃到哪里！"他奋战而死。

李、郭汜等驻扎在南宫掖门，杀死太仆鲁馗、大鸿胪周奂、城门校尉崔烈、赵骑校尉王颀等人，官吏和百姓被杀一万余人，尸体散乱地堆满街道。王允扶着献帝逃上宣平门，躲避乱兵。李等人在城下伏地叩头，献帝对李等人说："你们放纵士兵，想要做什么？"李等说："董卓忠于陛下，却无故被吕布杀害，我们为董卓报仇，并不敢做叛逆之事。待到此事了结之后，我们情愿上廷尉去领受罪责。"李派兵围住宣平门楼，联名上表，要求司徒王允出面，问道："太师董卓有什么罪！"王允被逼无奈，只好走下楼来面见李等人。己未（初二），大赦天下。任命李为扬武将军，郭汜为扬烈将军，樊稠等人都为中郎将。李等逮捕司隶校尉黄琬，将他处死。

起初，王允任命同郡人宋翼为左冯翊，王宏为右扶风。李等想要杀死王允，又恐怕他们起兵反抗，于是先要献帝下诏征召宋翼、王宏。王宏派人对宋翼说："郭汜、李因为我们两人在外，所以不敢杀害王允。如果今日应召，明日就会全族被害，你有什么办法吗？"宋翼回答说：“虽然祸福无法预料，然而皇帝的诏命是不能违抗的。”王宏的使臣说：“关东诸州、郡义兵好像滚水沸腾，想要诛杀董卓，如今董卓已死，他的党容易制伏。如果起兵一同讨伐李等人，与关东诸军相互呼应，正是转祸为福的上策。”宋翼不同意，王宏孤立不能成事，于是双双接受征召。甲子（初七），李逮捕王允、宋翼、王宏，一齐处死。王允的家小也都被杀死。王宏临死之前辱骂道：“宋翼，你这个没用的腐儒，真不足以与你商议国家大事！”李把王允的尸体放置在闹市之中，没人胆敢前去收尸。王允从前的部属、平陵县县令京兆人赵戬，放弃官位，将王允的尸体收葬。当初，王允将讨伐董卓的功劳全都归于自己。由于士孙瑞的功劳归给了王允，没有封侯，因而这次能够幸免于难。

李等任命贾诩为左冯翊，想封他为侯爵。贾诩说：“我提出的只是救命之计，有什么功劳！”坚决辞让不受。李又任命他为尚书仆射，贾诩说：“尚书仆射是宫廷的主要官员，为天下所瞩目，我平素名望不重，不能使人心服。”于是任命贾诩为尚书。

吕布途经武关到南阳投奔袁术，袁术待他十分优厚。吕布认为自己杀死了董卓，对袁家有功，因此放纵部下士兵抢掠，袁术对此不满。吕布察觉后心不自安，便离开袁术，去河内投奔张杨。李等人悬赏捉拿吕布，形势很紧，吕布又从张杨处逃走，改投袁绍。

九月，任命李为车骑将军，兼任司隶桃尉，假节；任命郭汜为后将军，樊稠为右将军，张济为骠骑将军，都封为侯爵。李、郭汜、樊稠掌管朝政，张济出京，率军驻在弘农郡。

起初，董卓入关后，劝说韩遂、马腾等人一起对抗关东讨伐董卓的联军，韩遂、马腾率军前往长安。他们到达长安时，正赶上董卓被杀。李等便任命韩遂为镇西将军，派他返回金城；马腾为征西将军，率军前去驻守地。

点评：

董卓狠毒粗暴，满怀私欲和野心。他从陇西发迹到率军进京操纵朝廷政权，始终考虑和盘算的是如何满足私欲和野心。为了达到目的，董卓不择手段玩弄权术，践踏法律，破坏经济，残害人民，他的种种倒行逆施，造成了东汉末年政权的极度混乱，给国家和社会的稳定带来了巨大的破坏。东汉政权日趋衰败、最终倾覆，虽然是由多种复杂因素所致，但是，董卓无疑加速和促进了东汉政权的衰败。

十八、 逐鹿中原

西汉中山靖王刘胜的后裔、涿郡人刘备，幼年丧父，家境贫苦，与母亲一起靠贩卖草鞋为生。刘备身高七尺五寸，双手下垂时能够超过膝盖，耳朵很大，连自己的眼睛都能看得到。他胸怀大志，不多说话，喜怒不形于色。他因曾经与公孙瓒一起在卢植门下学习儒家经义，所以便投靠公孙瓒。公孙瓒派他与田楷夺取青州，建立了战功，因此被任命为平原国相。刘备年轻时与河东人关羽、涿郡人张飞交情深厚，于是委派他们两人为别部司马，分别统领部队。他与这两人同榻而眠，情同手足，但是在大庭广众之中，关羽和张飞整日站在刘备身边侍卫。他们跟随刘备应付周旋，不避艰险。常山人赵云率领本郡的队伍前去投奔公孙瓒，公孙瓒问他说："听说你们冀州人都愿归顺袁绍，怎么唯独你能迷途知返呢？"赵云答道："天下大乱，不知道谁是能够拯救大难的人。百姓遭受的痛苦，就像是被倒吊起来一样。我们冀州的百姓，只是向往仁政，并不是轻视袁绍而亲附将军。"刘备见到赵云后，认为他胆识出众，便用心结交。赵云就随刘备到平原国，为他统领骑兵。

袁术占领南阳时，有户口数百万，但他骄奢淫逸，征收赋税没有限度，百姓困苦，逐渐外逃。他与袁绍结下怨仇后，两人自树立党羽，寻求外援，互相算计。袁术勾结公孙瓒，袁绍则联合刘表。当时，豪杰多数都归附袁绍。袁术愤怒地说："这些小子不跟随我，反而跟随我们家的家奴吗？"他还给公孙瓒写信说："袁绍不是袁家的儿子。"袁绍听到后大怒。

袁术派孙坚去攻击荆州刺史刘表，刘表派部将黄祖在樊城和邓县一带迎战。孙坚打败黄祖，于是围困襄阳。刘表派黄祖乘夜偷偷出城，前去调集各郡的授军，黄祖率军想要返回襄阳时，孙坚迎击，黄祖败退，逃入岘山。孙坚乘胜连夜追赶，黄祖的部下潜伏在竹林树丛之中，用暗箭将孙坚射死。孙坚生前推荐的孝廉长沙人桓阶晋见刘表，请求他归还孙坚的尸体安葬。刘表为他的义举所感动，表示同意发还。孙坚哥哥的儿子孙贲率领孙坚的部队投靠袁术。袁术又上表推荐孙贲担任豫州刺史。从此以后，袁术再不能战胜刘表。

当初，董卓入函谷关时，留朱俊镇守洛阳。而朱俊暗中与山东地区的将领们联络，他怕董卓发觉后会出兵袭击，就逃到荆州。董卓任命弘农人杨懿为河南尹，朱俊又率军返回洛阳，进攻杨懿，杨懿败逃。朱俊见洛阳已残破不堪，便向东移驻中牟县。同时向各州、郡发出公文，号召各地派军讨伐董卓。徐州刺史陶谦上表推荐朱俊代理车骑将军，并派三千名精兵援助朱俊，其他州、郡也纷纷响应。陶谦是丹阳人，朝廷因黄巾军侵扰徐州，便任命他为刺史。陶谦到职之后大破黄巾军，将其逐出，恢复了徐州境内的秩序。

刘焉在益州暗中策划独立。沛国人张鲁从他祖父张陵创立五斗米道以来，世代信奉，迁到蜀地居住。张鲁的母亲因会神秘的道术，经常出入刘焉家中，于是刘焉任命张鲁为督义司马，张为别部司马，派两人联合率兵攻杀汉中郡太守苏固，并封锁了益州到长安的通道斜谷阁，截杀朝廷派来的使臣。刘焉上书朝廷，说："米贼将道路阻断，不能再与朝廷联系。"又找借口杀死州中豪强王咸、李权等十余人，以建立权威。太守任岐与校尉贾龙因此起兵攻打刘焉，刘焉迎击，杀死任岐、贾龙。刘焉渐渐得意忘形，制作了唯有皇帝才能使用的御车及其他车具一千多辆。荆州刺史刘表为此上书说："刘焉在益州处处仿效皇帝，就像子夏在西河模仿孔圣人一样。"当时，刘焉的儿子刘范为左中郎将，刘诞为治书御史，刘璋为奉车都尉，都跟随献帝住在长安，只有小儿子别部司马刘瑁一直跟随在刘焉身边。献帝派刘璋到益州，向刘焉讲清道理，刘焉则将刘璋留下，不让他再回长安。

公孙度的声威远扬海外，中原地区人士为了躲避战乱纷纷归附他。北海人管宁、邴原和王烈都前往投奔。管宁少年时与华歆是朋友，曾一起锄草，看到地上有一块黄金，管宁继续挥锄不止，视黄金如同瓦砾，华歆却将黄金拾起后又扔掉。人们从这件事上判断出他们二人的优劣。邴原曾到远方去游学，八九年后才返回家乡，老师和朋友们以为他不会喝酒，所以只拿来米和肉为他送行。邴原说："我本来有酒量，只是因为怕荒废学业，才将酒戒掉。如今就要与你们远别，可以喝一次。"于是与众人坐在一起饮酒，喝了一天也没醉。管宁、邴原都以节操高尚而闻名于世，公孙度听说他们来到辽东，便准备宾馆，迎候二人。管宁见过公孙度之后，就在山谷中修建小屋。当时前来避难的人大多居住在郡城南郊，而唯独管宁住在北郊，表示他不想返回家乡。后来，人们渐渐地在他的周围落户。不过一个月，就形成了村庄。管宁每次见到公孙度，只谈儒学经典，不涉及世事；回到山中，则专门讲授《诗经》《尚书》，研习古代祭祀的礼仪，只会见学者，不见其他的人。因此，公孙度因管宁为人贤明而不再提防他，民间则受到他品德的感化。邴原为人性情刚直，喜欢评价人物，抨击不合理的现象，从公孙度以下的各级官吏都对他表示不满。管宁对邴原说："隐藏的龙，以不为人所见而成其德。不合时机而发表意见，都会招来灾祸。"他秘密教邴原逃回中原。公孙度听说后，也没有派人追赶。王烈器度宽宏，学业精深，年轻时名望在管宁、邴原之上。他善于教诲，乡里有人偷牛，被牛的主人捉住，偷牛贼请求说："甘愿受刑被杀，只求不让王烈知道。"王烈听说后让人前去看他，并送给他一匹布。有人询问送布的原因，王烈说："偷牛贼害怕我听到他的过失，表示他还有羞耻心。既然知道羞耻，就能够生出善心。我送给他布，就是鼓励他从善。"后来，有一位老人将佩剑丢失在路上，一位行人看到后便守在旁边。到了傍晚，老人回来，找到了丢失的剑，大为惊奇，便把这件事告诉王烈。王烈派人调查，原来守剑的人就是从前那个偷牛贼。民间发生争执后，去请王烈裁决，有的才走到半路，有的只看到他的住宅，便纷纷退回去，向对方表示让步，而不愿让王烈知道他们有过纠纷。公孙度想任命王烈为长史，王烈推辞不受，而去经营商业来贬低自己，表示无意为官。公孙度这才作罢。

董卓派牛辅率军驻在陕县，牛辅分别派遣校尉北地人李、张掖人郭汜、武威人张济率领步、骑兵数万人袭击中牟，大败朱俊，并沿抢掠陈留、颍川两郡所属各县，所过之处，烧杀掳掠，人民几乎死尽。

当初，荀淑的孙子荀，从小就有才华名望。何见到他大为惊异，说："真是一个辅佐君王的人才！"及至天下大乱，荀对乡里父老说："颍川地势平阔，四面受敌，应该尽早躲避。"乡里人多依恋故土，舍不得离去。只有荀率领他的家族前去投奔韩。这时袁绍已经夺取了韩的地位，他用上宾之礼接待荀。荀认为袁绍最终不能成就大业，听说曹操有雄才大略，于是离开袁绍，前去投奔曹操。曹操与他面谈之后大为高兴，说："这就是我的张良！"于是任命他为奋武司马。那些留在颍川未走的乡人，多在这次劫难中被李、郭汜等杀害。

袁绍亲自率军迎战公孙瓒，两军会战于界桥以南二十里处。公孙瓒部下有三万人马，锐不可当。袁绍命令义率领精兵八百人为先锋，并在左右两侧布置了一千张强弩。公孙瓒轻视义兵少，命令骑兵冲阵。义的士兵则用盾牌掩护身体，一动不动。等双方相距不到十几步时，两侧弓弩齐发，喊杀之声动地。公孙瓒军大败，他所任命的冀州刺史严纲被杀，死亡一千余人。义率兵追至界桥，公孙瓒集结军队，进行反扑。义再次大胜，于是到达公孙瓒军营，拔掉了营门大旗。公孙瓒的残军全部逃走。

起初，兖州刺史刘岱与袁绍、公孙瓒的关系都很好。袁绍让自己的妻子儿女寄居在刘岱家中，公孙瓒也派从事范方率领骑兵前往协助刘贷。及至公孙瓒初次击败袁绍的军队后，告诉刘岱，让交出袁绍的家眷。同时另下命令给范方："如果刘岱不交出袁绍的家眷，就率领骑兵返回。等我平定袁绍之后，再对刘岱用兵。"刘岱与部属商议对策，一连几天不能决定。后听说东郡人程昱足智多谋，便召他来征询意见。程昱说："舍弃冀州袁绍这个近援，而想得到幽州公孙瓒的远助，就好像到遥远的越地去请游泳能手来解救这里已快淹死的人一样，是毫无用处的。而且公孙瓒不是袁绍的对手，如今公孙瓒打败袁绍的军队，然而他终将被袁绍擒获。"刘岱听从了他的意见。范方率骑兵离开兖州，返回公孙瓒的大营，还未到达，公孙瓒便已经溃败。

曹操驻军顿丘，于毒等进攻东武阳。曹操命令军队西行入山，前去攻击于毒等的营寨。部下将领全都请求援救东武阳。曹操说："让叛匪听说我们西行，如果他们回来救援，那么东武阳的包围不救自解；如果他们不回来，那么我们能够攻下他们的营寨，而他们肯定不能攻下武阳。"于是，率军出发。于毒听说曹军西行，便放弃东武阳，赶回来援救营寨。曹操乘势进军内黄，向眭固及南匈奴单于於扶罗发动进攻，大败这两支队伍。

青州的黄巾军攻略兖州，兖州刺史刘岱准备出兵迎击。济北国相鲍信劝阻他说："如今黄巾军有百万之众，百姓全都十分恐慌，士兵也没有斗志，不能对付敌人。然而黄巾军没有辎重，只靠抢劫来供应军需。我们不如保存实力，首先固守城池。敌军求战不得，攻城不下，势必离散。到那时再挑选精兵，分据各关口要塞，一定可以将敌军打败。"刘岱不听，率军出战，果然被黄巾军杀死。

　　曹操的部将东郡人陈宫对曹操说："现在刺史已死，州中无主，与朝廷的联系也已断绝，无法再委任新的刺史。我想去说服州中的主要官员，同意由您来主持州中事务。以此作为资本，进而夺取天下，这是霸王大业。"于是，陈宫前去劝说别驾、治中等主要官员。"如今天下分裂，而无人主持州政。曹操是一代英才，假如迎接他做刺史，必然能够使百姓安宁。"鲍信等也有同样的看法，便与州中官吏万潜等人来到东郡，迎接曹操兼任兖州刺史。曹操随后率军到寿张县东攻击黄巾军，未能取胜。黄巾军骁勇精悍，而曹军则兵力单薄。曹操稳定军心，鼓舞士气，严明赏罚制度，并且连设奇计，昼夜不停地会战，每次都杀伤不少敌军。于是黄巾军退出兖州。鲍信战死，曹操悬赏寻找他的尸体，但终究没有找到，于是就雕刻了一个鲍信的木像。下葬时，曹操亲去祭奠，放声大哭。朝廷任命京兆人金尚为兖州刺史。金尚将要赴任，遭到曹操迎击，金尚逃走，投奔了袁术。

　　曹操追击黄巾军到济北，黄巾军全体投降。曹操得到兵士三十余万人，男女一百余万人。曹操从中挑选精锐，称为"青州兵"。

　　曹操延聘陈留人毛为治中从事，毛向曹操进言："如今天下四分五裂，皇帝流亡在外，百姓无法生产，因饥荒而弃家流亡。官府没胡一年的存粮，百姓不能安心，这种局面难以持久。奉行仁义的军队，才以取得胜利；拥有丰富的财源，才能贡固自己的地位。应该尊奉天子，用朝廷的名义向那些叛逆之臣发号施令；发展农业和桑蚕业，以积蓄军用物资。这样，就能够成就霸王之业。"曹操采纳了他的建议，派人晋见河内郡太守张杨，想借道西上长安与朝廷联系，被张杨拒绝。

定陶人董昭劝说张杨："虽然袁绍与曹操联盟，但势必不会长久合作。曹操如今势力虽弱，然而他实际上是天下真正的英雄。应当寻找机会与他结交，何况现有借路这个机缘。最好允许他的使者通过，将他的奏章上呈朝廷，并上表推荐他。如果事情成功，就可以成为长久的朋友。"张杨允许曹操的使者通过河内郡前往长安，同时自己上表推荐曹操。董昭还以曹操的名义定信给李、郭汜等人，依照他们的权势轻重，分别致以问候。

李、郭汜见到曹操的使者，认为关东诸将领想自己拥立皇帝，如今曹操虽然派使前来表示效忠，但并不是真心诚意。李、郭二人商议，准备把使者扣留在长安。黄门侍郎钟繇向李、郭汜建议说："如今天下英雄一同崛起，各自冒用朝廷的名义独断专行。唯有曹操心向王室。假如朝廷拒不接受他的忠诚，会使将来打算效法他的人失望。"李、郭汜于是款待曹操的来使，并给予很丰厚的回报。钟繇是钟皓的曾孙。

徐州刺史陶谦与各郡、国的太守、国相联合签署文书，推举车骑将军朱俊为太师。并用公文通知各州长官，号召共同讨伐李等人，奉迎天子返回洛阳。正在这时，李采用太尉周忠、尚书贾诩的计谋，用皇帝名义征召朱俊入朝。于是朱俊辞谢陶谦的提议，应召入朝，又被任命为太仆。

公孙瓒又派遣军队进攻袁绍，到达龙凑，被袁绍军队击败。公孙瓒于是退回幽州，不敢再出来。

扬州刺史、汝南人陈温去世。袁绍委派袁遗兼任扬州刺史。袁术派军队击败袁遗，袁遗逃到沛，被乱兵杀死。袁术任命下邳人陈为扬州刺史。

曹操驻军甄城。袁术受荆州刺史刘表军队的逼迫，率军移驻封兵，黑山军的一个分支部队与南匈奴单于於扶罗都归附袁术。曹操击败袁术军队，于是包围封丘。袁术退到襄邑，又退到宁陵，曹操在后面追击，接连打败袁术。袁术逃到九江，扬州刺史陈率军抵御，不许袁术入境。袁术退守阴陵，在淮河以北集结部队，又向寿春进军。陈大为恐惧，逃回下邳。于是袁术占领寿春，自称扬州刺史，兼称徐州伯。李想拉拢袁术做外援，便任命袁术为左将军，封阳翟侯，假节。

袁绍与公孙瓒所委任的青州刺史田楷连续作战两年，军队疲惫不堪，粮食全都吃尽，因抢掠百姓致使田地间连青草都难得见到。袁绍任命自己的儿子袁谭为青州刺史，田楷进攻袁谭，未能取胜。正好朝廷派赵岐前来调解关东各州、郡的矛盾，公孙瓒于是与袁绍结为儿女亲家，各自率兵退回。

三月，袁绍驻军薄落津。这时，他属下魏郡的士兵叛变，与黑山军于毒等数万人联合，攻占邺城，杀死魏郡太守。袁绍率军回到斥丘。

徐州治中、东海人王朗和别驾、琅邪人赵昱向刺史陶谦建议说："要想求得诸侯的信任与拥护，最好的办法莫过于尊奉君王。

如今天子流亡在长安，应该派遣使者前去进贡。"陶谦于是派赵昱作为使节，携带呈给皇帝的奏章到长安。献帝下诏任命陶谦为徐州牧，加授安东将军，封为溧阳侯。任命赵昱为广陵太守，王朗为会稽太守。

当时，徐州地区百姓富裕，粮食丰足，各地流民多来投奔。但是陶谦信任奸佞小人，疏远忠直之士，司法及政务都管理不善，使得徐州政局也逐渐混乱。许劭避难来到广陵，陶谦对他的礼节和待遇都很厚。许劭对他的门徒们说："陶谦外表上追求尊重贤才的名声，但实际上他并不是正人君子。现在待我虽厚，将来必然会改变。"于是，他离开徐州。后来，陶谦果然大肆逮捕流亡到徐州的士大夫，人们佩服许劭的先见之明。

袁绍率军深入朝歌境内的鹿肠山，讨伐于毒。围攻五日，攻破于毒，斩杀于毒及其部下万余人。袁绍于是顺山北行，进攻左髭丈八等乱匪，将乱匪全部斩死。又进击刘石、青牛角、黄龙左校、郭大贤、李大目、于氐根等，又斩杀数万人，乱匪的营寨全部遭到屠戮。最后，袁绍与黑山军张燕以及四营的匈奴屠名部落和雁门的乌桓部落在常山交战。张燕有精兵数万人，战马数千匹。袁绍与吕布联合进攻张燕，一连战斗了十余天，张燕军死伤虽多，袁绍军也感到疲惫，于是双方自撤退。

吕布部下的将士多凶横强暴，袁绍颇为厌恨。吕布于是请求返回洛阳。袁绍用皇帝的名义任命吕布兼任隶校尉，派遣精壮武士护送吕布，命令他们暗中将他害死。吕布命人在他的帐内弹筝，自己悄悄地溜走了。武士们乘夜袭击吕布，帐篷和床被全部砍坏。第二天早晨，袁绍得知吕布仍然活着，大为恐惧，下令关闭城门，严加防守。吕布率军再度依附张杨。

前任太尉曹嵩在琅邪躲避战乱，他的儿子曹操命令泰山郡太守应劭迎接曹嵩到兖州。曹嵩携带辎重一百余车，陶谦的一个部将驻守在阴平县，其士兵贪图曹嵩的财产，于是在华县与费县的交界处发动袭击，杀死曹嵩和他的小儿子曹德。秋天，曹操率军进攻陶谦，攻克十余城。到达彭城时，与陶谦的军队展开大战，陶谦战败，逃到郯县固守。

先前，洛阳一带遭受董卓之乱，百姓向东迁徙，大多投奔徐州。这次遇到曹操到来，男女老幼数十万人被驱赶到泗水河中淹死，尸体阻塞了河道，致使水不能流。

曹操围攻郯县，未能攻下，于是离开，攻取虑、睢陵、夏丘三县，所过之处全都遭到屠戮，鸡犬不留，旧城废址不再有行人。

幽州牧刘虞与公孙瓒之间的矛盾日益加深，公孙瓒数次与袁绍相互攻击，刘虞禁止无效，因而逐渐减少对公孙瓒的粮草供应。公孙瓒大怒，不断违背刘虞的命令，又经常侵略百姓。刘虞无力制约，于是派遣上书陈述公孙瓒横暴掠夺百姓的罪状，公孙瓒也上书指责刘虞扣军粮。两人不断上奏，相互攻击，朝廷只能敷衍而已。于是公孙瓒在蓟城的东南修筑一座小城，率军在内居住。刘虞几次请他会商，他都称病不肯前往。刘虞担心他终将叛乱，于是率领部下合计十万大军，计伐公孙瓒。当时公孙瓒的部下都分散在外，仓促之间掘开东城打算逃走，刘虞的部队没有纪律，缺乏训练，刘虞又爱惜百姓的房屋，下令不许纵火，他告诫士兵说："不要伤害其他人，只杀公孙瓒一人。"因此围兵战斗力不强，未能攻克。公孙瓒挑选了几百名勇士，乘风纵火，直冲突围，刘虞军队一下子溃散，刘虞与部下官属向北逃到居庸关。公孙瓒赶来，围攻居庸关，三日后攻下，把刘虞及其妻子儿女捉回蓟城，仍让刘虞签署州府的文书。正在此时，朝廷派使者段训宣布献帝诏书，增加刘虞的封邑，让他总官六州的事务；任命公孙瓒为前将军、封为易侯。公孙瓒便乘机诬告刘虞先前曾与袁绍等人通谋要当皇帝，胁迫段训在蓟城的闹市处死刘虞及其妻子儿女。前任常山国相孙瑾，掾张逸、张瓒等一同自动聚到刘虞周围，对公孙瓒破口大骂，然后与刘虞一起被杀。公孙瓒把刘虞的头颅送往京城长安，刘虞的旧部尾敦在半路上截下头颅，送回安葬。刘虞为人宽厚，广施仁义，因此深得民心。幽州的百姓，无论是当地土著，还是流亡来的外乡人，无不痛惜他的惨死。

当初，刘虞想派遣使者到长安去呈送奏章，但难以找到合迁的人选。众人都说："右北平人田畴，今年二十二岁，年纪虽轻，然而却有奇才。"于是刘虞送上礼物，请他做自己的僚属。车马备好，将要出发的时候，田畴说："如今道路阻断，盗寇横行，如果公开官方使者的身份，必会成为他们劫掠的目标。我愿以平民百姓的身份私自前往，只要能到达长安就行。"刘虞同意了他的建议。田畴便在自己的门客中挑选二十名骑士，一道从居庸关出塞，沿阴山直抵朔方郡，再走小路到达长安，向朝廷呈上刘虞的奏章。

献帝下诏任命田畴为骑都尉。田畴认为皇帝流亡，蒙受垢辱，尚未安定，自己不能任官享受荣耀，因而坚决辞让不受。他得到朝廷回复的章报后，就急速赶回幽州。但等他回来时，刘虞已被杀害。田畴到刘虞墓前祭拜，陈放朝廷章报，并汇报其中内容，然后痛哭离去。公孙瓒知道后大怒，悬赏捉拿田畴。捉到后，公孙瓒问田畴说："你为什么不把朝廷的章报送给我？"田畴说："汉朝王室势力衰微，人人都怀有异心，只有刘虞没有失去忠贞的节操。章报中的内容，对将军并没有赞美之词，恐怕也不是将军所愿意看到的，因此我没有送来。而且，将军既然杀害无罪的上级，又分视固守节义的臣僚，我恐怕燕、赵地区的豪杰之士都将跳到东海里淹死，而没有人肯追随将军。"公孙瓒只好将他释放。

田畴回到无终县，率领宗族以及归附他的数百人，扫地而盟誓说："刘虞之仇不报，我不能再活在世上！"于是进入徐无山中，在深险之处找到一块平地，建立营寨居住。他亲自进行耕作，以奉养父母。百姓前来投奔，数年间增加到五千余家。田畴对乡里父老说："如今大家聚集到一起，已形成村镇，但不相统一，又没有法律来约束，这恐怕不是维持长久安定的方式。我有一个计划，愿意与诸位父老一起实施，可以吗？"大家都说："可以！"于是，田畴制定法令，凡是相互杀伤、偷盗以及因争吵而告状的人，按照情节轻重予以处罚，最重的判处死刑，共十余条。他又制定婚姻嫁聚的礼仪和学堂讲授的课程。法令制定后，向众人公布实行，大家都乐于遵循，甚至路不拾遗。北方边塞地区的人都很敬佩田畴的威信，乌桓、鲜卑部落分别派来向田畴致意，并送上礼物。田畴对他们一律安抚接纳，让他们不要侵扰作乱。

二月，戊寅（初一），有关部门奏请献帝选立皇后。献帝下诏说："我母亲安葬的地方还未定，怎么忍心谈挑选后妃的事呢？"壬午（初五），三公上奏，请将献帝的母亲王美人改葬到灵帝之陵，并追加尊号，称"灵怀皇后"。

徐州牧陶谦向青州刺史田楷告急，田楷与平原国相刘备率兵去援救他。刘备拥有自己的军队数千人，陶谦又增拨丹阳郡兵士四千名归他指挥，于是刘备就脱离田楷，投奔陶谦。陶谦上表推荐刘备担任豫州刺史，驻扎在小沛。正好曹操军粮也已告尽，率军撤回兖州。

征西将军马腾为私事有求于李，因未得到满足而大怒，打算部署军队进攻李。献帝派遣使者进行调解，马腾不肯听从。韩遂率军从金城郡来调解马腾与李的纠纷，结果反而又与马腾联合。谏议大夫种邵、侍中马宇、左中郎将刘范策划让马腾进袭长安，自己做内应，以诛灭李等人。壬申（疑误），马腾、韩遂率军进驻长平观。种邵等人的计划泄露，他们便从长安出逃，跑到槐里。李派樊稠、郭汜及自己的侄子李利发动进攻，马腾、韩遂兵败退回凉州。樊稠等又进攻槐里，种邵等人全都被杀。庚申（疑误），下诏赦免马腾等人。

曹操委派司马荀、寿张县令程昱留守鄄城，自己再次前往徐州进攻陶谦，于是沿途攻略，直到琅邪、东海，所过之处受到严重破坏。大军返回，又在郯县以东击败刘备的军队。陶谦震惊，打算逃回丹阳。正在这时，陈留太守张邈背叛曹操，迎接吕布入兖州，于是曹操撤军，回救兖州。

张邈年轻时，行侠仗义，袁绍、曹操都与他友善。及至袁绍当上讨伐董卓联军的盟主，待人接物态度傲慢，张邈义正辞严地责备袁绍。袁绍恼羞成怒，让曹操去杀张邈。曹操不肯听从，说："张邈是亲近的朋友，即使他有不对的地方，也该宽容。如今天下尚未安定，怎么能自相残杀呢？"曹操第一次进攻陶谦时，决心战死，曾命令家中妻小说："我如果不能生还，他们就去投靠张邈。"后来曹操回来见到张邈，两人相对流下眼泪。

陈留人高柔对同乡人说："曹操虽然目前占有兖州，但他本有兼并天下的图谋，不会安心坐守这块地盘。而张邈倚仗陈留郡做资本，将会找机会另作打算。我想和你们一同避开争战，怎么样？"众人都认为曹操与张邈互相亲善，而高柔年纪轻，不相信他的预言。恰好高柔的堂兄高干从河北召唤高柔，高柔带着全族人前往河北依附高干。

吕布离开袁绍去投奔张杨时，路过陈留郡，拜访张邈，临别时，一同握手盟誓。袁绍知道这一消息后大为痛恨。张邈担心曹操终究会为袁绍谋害自己，心中不能自安。前任九江太守、陈留人边让曾经讥讽过曹操，曹操知道后，将边让及其妻子儿女全部杀死。边让一向才华出众，声望很高，因此兖州地区的士大夫全都感到恐惧。陈宫性情梗直刚烈，心里也疑虑不安，就与从事中郎许汜、王楷以及张邈的弟弟张超一起策划背叛曹操。陈宫对张邈进言："如今天下分袭，豪杰纷纷崛起，您拥有广达千里的疆土民众，又处于四方必争的冲要之地，手抚佩剑，左右顾盼，也足以成为人中豪杰。却反而受制于人，不是太鄙陋了吗？如今曹操统率大军东征，州中空虚，吕布是个壮士，能征善战，无人可比，如果暂时迎接他来，共同主持兖州事务，观察天下的形势，等待时局变化，这也是您纵横捭阖的一个时机。"张邈听从了陈宫的意见。

当时曹操派陈宫率兵留守东郡，于是陈宫就率军秘密迎接吕布来担任兖州牧。吕布到达后，张邈就派他的党羽刘翊告诉荀说："吕将军来帮助曹刺史进攻陶谦，应该赶快供给他军粮。"众人感到疑惑，荀知道张邈将要背叛，就立即部署军队进行防守，并急速征召在濮阳的东郡太守夏侯。夏侯前来救援，吕布便占据濮阳。当时曹操把所有的军队都带去进攻陶谦，留守的兵很少，而且大部分将领和主要官吏都参与了张邈、陈宫的阴谋。夏侯赶到以后，当天夜里就诛杀了几十个参与叛变阴谋的官员，形势才稳定下来。

豫州刺史郭贡率领数万人的大军来到鄄城城下，有谣言说他与吕布合谋，城中众人十分恐惧。郭贡要求会见荀。荀准备出城会面，夏侯等劝阻他说："你是一州的主持人，出城必定有危险，不能去。"荀说："郭贡与张邈等人并不是老交情，如今来得这样迅速，必是还未定好策略，趁他尚未定好策略时说服他，即便他不能帮助我们，也可使他保持中立。如果先疑心他，将使他在一怒之下打定主意，投到敌人那边"郭贡看到荀并恐惧之心，认为鄄城不易攻破，于是率军离去。

当时，兖州属下的郡、县全都响应吕布，只有鄄城、范县、东阿县没有动摇。吕布军中归降的人说："陈宫准备自己率军攻取东阿，又派氾嶷攻取范县。"官民全都感到恐慌。程昱本是东阿人，荀对他说："如今全州都已背叛，只剩下了这三个城。陈宫等派大军攻城，如果我们不能紧密地团结民心，这三城必定会动摇。你在东阿人民中声望很高，应该前去进行安抚。"于是，程昱离开鄄城返回东阿，在途中经过范县，劝说范县县令靳允道："听说吕布已将您的母亲、弟弟和妻子儿女都抓了起来，孝子的心情自然十分沉重。如今天下大乱，英雄纷纷崛起，其中必定会有一位主宰时代命运安定天下的人，这是智者应该对比仔细选择的。跟对主人，才能兴旺；跟错主人，就会败亡。陈宫背叛曹操，迎接吕布，而诸城全都响应，似乎能有所作为。然而据您观察，吕布是个什么样的人？吕布为人粗暴而很少与人亲近，又刚愎自用，不过是个勇猛的匹夫而已。陈宫等人在目前形势下与他联合，只是互相利用，不会奉吕布为主，因此，他们虽然兵多，但终究不会成事。曹操的智慧谋略盖世，简直是上天特别授予他的。您一定要坚守范县，我来守住东阿，就可以立下田单恢复齐国那样的大功。这样，难道不比你违背忠义去跟随恶人，结果母子都被杀死要好吗？请您好好考虑！"靳允流着泪说："我不敢有二心。"这时，氾嶷已率兵进入范县，靳允便出来会见氾嶷，用伏兵将氾嶷刺杀。回城后，部署军队坚守。

徐众评曰：靳允与曹操之间并没有确立君臣关系，而母亲是至亲，依照道义，靳允应该辞官去跟随母亲。春秋时期，卫国公子开方到齐国当官，多年没有返回家乡，管仲认为不惦念自己父母的人，又怎么能爱君主！所以，访求忠臣一定要到孝子之门。靳允应该首先去营救自己的至亲骨肉。徐庶的母亲被曹操俘虏，刘备就送徐庶返回北方，以便营救他的母亲。想要掌握天下的人，应当体恤做儿子的孝顺之情。而曹操也应该让靳允离开。

程昱又派遣一支骑兵部队，截断黄河上的仓亭津渡口，陈宫率军到河边，无法渡河。程昱来到东阿，东阿县令、颍川人枣祗已率领吏民在城墙上坚守。他们终于守住这三城等到曹操大军的归来。曹操回来后，握着程昱的手说："假若不是你尽力，我就无家可归了。"曹操上表推荐程昱为东平国相，驻在范县。吕布进攻鄄城，未能攻克，就向西移驻濮阳。曹操说："吕布一下子得到一州的地盘，却不能占据东平，切断亢父、泰山的要道，利用险要的地势来对抗我，反而回驻濮阳，我知道他没有多大作为。"于是，进攻吕布。

五月，任命扬武将军郭汜为后将军，安集将军樊稠为右将军，都和三公一样开府，设置僚属。加上先前已享受这种待遇的车骑将军李，与三公的府署合称为六府，都参与全国官员的推荐与选举。李等人都要任用自己所推荐的人选，要是一有违背就大发脾气。有关机构无法应付，只好依照次序任用他们所推荐的人选，先从李推荐的开始，其次是郭汜，再次是樊稠，三公所推举的人才，根本没有被任用的机会。

河西的敦煌、酒泉、张掖、武威四郡，因为距离凉州官府所在地冀县太远，而且交通又被盗寇阻断，因此上书请求另外设置一州。六月，丙子（初一），下诏设置雍州，任命陈留人邯郸商为雍州刺史，治理河西四郡事务。

从四月到七月，一直没有降雨，谷价一斛值五十万钱。因为饥荒，长安城中的百姓出现人吃人的现象。献帝命令侍御史侯汶取出太仓中储存的米、豆为贫民熬粥，进行施舍。可是饿死的人仍像过去一样多。献帝怀疑有人从中作弊，便命令用米、豆各五升，在自己面前熬粥，煮出两盆。于是，责打侯汶五十棍。贫民才都得以保全性命。

吕布有一支部队驻在濮阳以西，曹操乘夜袭击，将其击溃。还未来得及撤回，正遇上吕布前来援救。吕布亲自冲锋陷阵，自清晨一直战到太阳偏西，交战数十回合，两军相持不下，十分危急。曹操招募壮士去突击敌阵，司马、陈留人典韦率领那些应募壮士在阵前抵御吕布军队的进攻。吕布军中弓弩齐发，箭如雨下。典韦对敌人连看也不看，对那些壮士说："敌人来到距我们十步的地方，再告诉我。"壮士们说："已经十步了。"典韦又说："相距五步时再告诉我。"那些壮士们见敌人已到面前，大为惊惶，赶快喊："敌人已经到了！"典韦手执铁戟，大喊而起，冲入敌阵，对面的敌人无不应手而倒，吕布的军队后撤。这时天色已晚，曹操才得以率军退回自己的营寨。回营后，曹操提升典韦为都尉，命他平日率领亲兵数百人，在自己的大帐左右负责警卫。

濮阳县的大姓田氏为吕布实行反间计，假意做曹操的内应。曹操得以进入濮阳城后，纵火焚烧所经过的东门，表示自己不再退回。及至与吕布交战，曹军大败，吕布部下的骑士捉到曹操而不认识，问道："曹操在哪里？"曹操说："骑黄马逃走的那人就是曹操。"吕布的骑士就放开曹操，而去追那骑黄马的人。曹操从大火中突围而出，回到营中，亲自慰问军士，命令军中赶快制作攻城用的器械。随即进军，再次攻击濮阳。他与吕布相持一百余天，发生蝗灾，百姓饥馑，吕布的存粮也已吃尽，两军各自撤退。

九月，曹操回到鄄城。吕布率军到乘氏县，被乘氏县人李进击败，向东退到山阳。

冬季，十月，曹操来到东阿县。这时，袁绍派人劝说曹操，想让曹操把家眷送到邺城居住。曹操新近失掉兖州，军中粮食也已吃尽，便准备接受袁绍的建议。程昱说："大概将军怕是临事畏惧，不然，为什么考虑得这么不深！袁绍有吞并天下的野心，但他的智谋却不足以实现他的野心。将军自己考虑一下，能做他的下属吗？将军以龙虎之威，可以当他的韩信、彭越吗？如今兖州虽已残破，还有三城控制在您的手中，能战的兵士不下万人，凭将军的谋略与武功，再加上荀和我们这些人，齐心协力，是可以成就霸王之业的，愿将军重新考虑！"曹操于是放弃了原来的打算。

点评：

山东十八路诸侯解体后互相攻伐，逐鹿中原，上演了动人心魄，可歌可泣的故事。

十九、李傕、郭汜祸乱长安

马腾进攻李时，刘焉的两个儿子刘范、刘诞都被杀死。议郎、河南人庞羲，平时与刘焉友善，便派人带刘焉的孙子们入蜀。这时，原州府所在地绵竹城被雷击引起的大火烧毁，刘焉就把州府移到成都，因背生毒疮而去世。州中主要官员赵韪等贪图刘焉的儿子刘璋性情温和，好施仁义，便一同上表请求朝廷委任刘璋为益州刺史。献帝下诏，任命颍川人扈瑁为益州刺史。刘璋的部将沈弥、娄发、甘宁等人叛变，进攻刘璋，战败，逃入荆州。朝廷对益州事务鞭长莫及，只好下诏任命刘璋为益州刺史。刘璋任命赵韪为征东中郎将，率军进攻刘表，驻守朐。

徐州牧陶谦病势危重，他对别驾、东海人糜竺说："除非刘备，不能保护本州的安全。"陶谦去世后，糜竺率领徐州官民迎接刘备。刘备不敢担当此任，说："袁术近在寿春，你们可以把徐州交给他。"典农校尉、下邳人陈登说："袁术骄奢横暴，不是能治理乱世的君主。如今，我们打算为您集结起十万步、骑大军，上可以辅佐君王，拯救百姓，下可以割据一方，保守疆土。如果您不答应我们的请求，我们也不敢听从您的建议。"北海国相孔融说："袁术岂是忧国忘家的人！不过是依仗祖上遗留下的威望，根本不足介意。今天的事情，是百姓选择贤能。这种上天赐予的机会如果拒绝，后悔就来不及了。"刘备接受他们的请求，兼任徐州牧。

当初，太傅马日与赵岐一起奉朝廷使命来到寿春，赵岐严守气节，不肯迁就，袁术对他很敬畏。马日经常有求于袁术，袁术就折辱马日，向他借所持的代表皇帝权力的符节看，乘机夺走不还，又开列了军中十几个人的名单，要马日赶快征召任命。马日向袁术请求离去，袁术扣留不放，又要逼迫他担任军师。马日悔恨自己失去献帝授予的符节，吐血而死。

当初，孙坚娶钱唐人吴氏为妻子，生下四个儿子，即孙策、孙权、孙翊、孙匡，此外还有一个女儿，孙坚在外征战，把家眷留在寿春。孙策十余岁时，已开始结交当地知名之士。舒县人周瑜与孙策同岁，也英武豪迈，少年早成，听到孙策的名声，便从舒县前来拜访，两人一见如故，互相推心置腹。周瑜劝孙策移居舒县，孙策同意，周瑜就把临近道路的一座大宅院让给孙策居住。周瑜还到内堂去拜见了孙策的母亲，两家互通有无。孙坚死时，孙策十七岁，把父亲的棺木送回老家曲阿去安葬。安葬后，他渡过长江，住在江都，结交天下豪杰，立志为父亲报仇。

丹阳郡太守、会稽人周昕与袁术互相敌视，袁术上表推荐孙策的舅父吴景兼任丹阳郡太守，进攻周昕，夺下丹阳郡，将孙策的堂兄孙贲任命为丹阳都尉。孙策把母亲和弟妹托付给广陵人张，自己直接到寿春去见袁术，流着泪对袁术说："我已故的父亲当年从长沙出发讨伐董卓，与您在南阳相会，共结盟好。他不幸中途遇难，没能完成功业。我感念您对我父亲的旧恩，愿继续为您效力，请您明察我的诚心！"袁术对孙策的谈吐举止很感惊异，但不肯交还他父亲原来统率的队伍，对他说："我已任用你舅父吴景为丹阳郡太守，你堂兄孙贲为都尉，丹阳郡是出精兵的地方，你可以回去依靠他们的力量招募兵马。"孙策就与汝南人吕范、本族人孙河将母亲接到曲阿，依靠舅父吴景，乘机在当地募兵，得到数百人。但他遭到泾县的土豪祖郎的袭击，差点被杀。于是他再次去见袁术。袁术把孙坚旧部千余人还给孙策，向朝廷上表推荐他担任怀义校尉。孙策部下的一名骑士犯罪后逃入袁术大营，隐藏在里面的马房中，孙策派人进去当场将骑士处斩，然后，他拜见袁术，表示谢罪。袁术说："有些士兵喜欢叛变，我与你一样痛恨这种行为，你为什么要谢罪！"从此以后，袁术军中对孙策更加畏惧。袁术最初应许孙策为九江郡太守，但此后却改用丹阳人陈纪。后来，袁术准备进攻徐州，要求庐江郡太守陆康提供三万斛米，陆康不给。袁术大怒，派孙策去进攻陆康，对孙策说："以前我错用陈纪为九江太守，每以不合本意而感到遗憾。这次你如果能战胜陆康，庐江郡就真的归你所有了。"孙策进攻陆康，攻下庐江郡府。但是袁术又任用自己的部下刘勋为庐江郡太守，孙策对他更加失望。

侍御史刘繇是已故兖州刺史刘岱的弟弟，一向声望很高，朝廷下诏任命他为扬州刺史。扬州州府以前设在寿春，但这时已被袁术占据，刘繇想把州府设在长江以南，吴景、孙贲就迎接刘繇到曲阿。及至孙策进攻庐江，刘繇听到消息后认为吴景、孙贲本是袁术安置的人，害怕自己被袁术、孙策等所兼并，于是产生敌意，将吴景、孙贲等赶走。吴景、孙贲退守历阳，刘繇派部将樊能、于糜驻横江，张英驻当利口以防备他们。袁术知道后就自己委派旧部下惠衢为扬州刺史，委任吴景为督军中郎将，与孙贲等率军一起进攻张英等。

董卓刚死的时候，三辅地区的百姓还有数十万户。由于李等人纵兵抢掠，加上饥荒，百姓吃人肉充饥，两年之间，几乎死尽。李、郭汜、樊稠相互夸耀自己的功勋，争权夺利，有几次冲突。贾诩每次都责备他们要以大局为重，因此，虽然他们内部不能友好相处，但表面还是团结一致。

樊稠进攻马腾、韩遂时，李的侄子李利作战不很出力，樊稠斥责他说："人家要来砍你叔父的人头，你还胆敢如此松懈，难道我不能杀你吗？"马腾、韩遂败退时，樊稠军追到陈仓，韩遂对樊稠说："本来咱们之间争的不是个人仇怨，而是国家大事。我与你都是同州人，临别前想再说几句知心话。"于是各自命令军士后退，他们两个人骑马上前对话，相互握手致意，交谈很久才告别。大军回到长安后，李利报告李说："樊稠与韩遂两人马头相交地密谈，不知道谈话的内容，只看到你们很亲近。"李也因为樊稠作战勇猛而得到部属拥戴，对他有猜忌之心。樊稠准备率军东出函谷关，向李要求增加军队。二月，李请樊稠商议事情，就在会上杀死了樊稠。从此以后，将领们之间相互猜忌，不能团结一致。

李经常摆下酒宴款待郭汜，有时还留郭汜住宿在自己家中。郭汜的妻子恐怕郭汜会喜欢上李家的侍女，想用计阻止郭汜前往。正好李送来食物，郭汜妻把豆豉说成毒药，挑出来给郭汜看，说："一群鸡中容不下两只公鸡，我实在不明白将军为什么这样信任李。"另一天，李又宴请郭汜，郭汜饮酒过量而大醉。他疑心酒里有毒，就喝下粪汁来使自己呕吐。于是，他们各自部署队伍，相互攻击。

献帝派侍中、尚书去调解李和郭汜的矛盾，但李、郭汜都不服从。郭汜阴谋劫持献帝到他的军营，夜里，有人逃到李营中，将郭汜的计划告诉李。

三月，丙寅（二十五日），李派侄子李暹率领数千名兵士包围皇宫，用三辆车迎接献帝到自己营中。太尉杨彪说："自古以来，帝王从没有住在臣民家中的，你们做事，怎么能这样呢！"李暹说："将军的计划已经定了。"于是，群臣徒步跟在献帝的车后出宫。军队立即就进入宫殿，抢掠宫女和御用器物。献帝到李营中后，李又将御府所收藏的金帛搬到自己营里，随即放火将皇宫、官府和百姓的房屋全部烧光。献帝又派公卿调解李、郭汜的矛盾，郭汜就把太尉杨彪及司空张喜、尚书王隆、光禄勋刘渊、卫尉士孙瑞、太仆韩融、廷尉宣、大鸿胪荣、大司农朱俊、将作大匠梁邵、屯骑校尉姜宣等都扣留在营中，作为人质。朱俊十分气愤，发病而死。

夏季，四月，甲子（疑误），献帝立贵人、琅邪人伏氏为皇后，任命皇后的父亲、侍中伏完为执金吾。

郭汜设宴款待被扣的朝廷大臣，商议进攻李。太尉杨彪说："你们这些臣属互相争斗，一个人劫持天子，一个人将公卿做人质，这怎么能行呢！"郭汜大怒，想要亲手用刀杀死杨彪，杨彪说："你连皇上都不尊奉，我难道还会求生吗？"中郎将杨密竭力劝阻，郭汜这才作罢。李召集数千名羌人和胡人，先以御用物品和绸缎赏赐他们，许诺还将赏赐宫女和民间妇女，打算要他们进攻郭汜。郭汜则暗中与李的党羽中郎将张苞等勾结，策划进攻李。丙申（二十五日），郭汜率军乘夜进攻李营门，飞箭射到献帝御帐的帷帘中，还贯穿了李的左耳。张苞等人在营内放火烧房，但火没有燃着。李部下杨奉在营外抵抗郭汜，郭汜军撤退，张苞于是率领部下投奔郭汜。

这天，李又把献帝迁移到北坞，派校尉把守坞门，断绝内外交通，献帝左右的侍臣都面有饥色。献帝派人向李要求供应五斗米，五具牛骨赐予左右。李说："早晚两次送饭，要米干什么用？"于是把已发臭的牛骨头送去，献帝大怒，想要责问李。侍中杨琦劝阻说："李自己知道所犯下的是叛逆大罪，打算把陛下转移到池阳的黄白城，我愿陛下忍耐。"献帝这才作罢。司徒赵温写信给李说："你先前攻陷京城，烧杀抢掠，杀害大臣，如今为了一些小小怨恨而铸成深仇，皇上想要让你们和解，但诏书无人遵奉，而你又打算把皇上转移到黄白城，这实在让我不解。根据《易经》，第一次为过分，第二次就陷入水中，第三次还不改，就将被淹没，大凶。不如早些与郭汜和解。"李大怒，想要杀死赵温，他弟弟李应劝阻，几天后李才作罢。

李相信男、女巫师解除灾祸的法术，经常在宫门外用猪、牛、羊三牲祭奠董卓。李每次见到献帝，或者称献帝为"明陛下"，或者称"明帝",向献帝述说郭汜的罪行,献帝也顺着李的意思应答。李大喜,自己以为已得到献帝的欢心。

闰五月,己卯(初九),献帝派谒者仆射皇甫郦调解李、郭汜的争端。皇甫郦先去拜见郭汜,郭汜答应服从。皇甫郦又去拜见李,李不肯接受,说:"郭汜不过是个盗马贼罢了,怎么敢与我平起平坐,一定要杀死他!您看我的谋略和队伍,是不是已经足够制伏郭汜?郭汜又劫持大臣作为人质,行为如此恶劣,而您还要帮助他吗?"皇甫郦说:"不久以前,董卓势力强大,是将军所知道的。但吕布受他恩宠,却反过来杀害他,不过眨眼之间,董卓已经身首异处,这是因为董卓有勇而无谋。如今,将军身为上将,受到朝廷荣宠,郭汜劫持大臣,而将军却劫持天子,这罪过是谁轻谁重?张济已与郭汜联合在一起,杨奉不过是个白波军的首领,还知道将军所做的事情不对,将军虽然宠信他,但恐怕他也不会听你支使。"李大声呵斥,让皇甫郦出去。皇甫郦离开李大营,到献帝住处汇报,说:"李不肯奉召,而且言辞不恭顺。"献帝恐怕李听到,赶快命令皇甫郦离去。李果然派虎贲武士王昌来叫皇甫郦,准备杀死他。王昌知道皇甫郦忠贞正直,就放他逃走,回去报告李说:"皇甫郦已逃走,追赶不上。"

吕布的部将薛兰、李封驻军巨野,曹操向他们发动进攻、吕布前来援救,被曹操击败,退走。于是,曹操斩杀薛兰等人。曹操驻军乘氏,因徐州牧陶谦已死,便准备先夺取徐州,回来再攻打吕布。荀说:"从前高祖守保关中,光武帝占据河内,都巩固基地以控制天下，进足以胜敌，退足以坚守，所以虽有困顿失利，但最终完成统一天下的大业。将军本来从兖州起兵，平定山东之乱，百姓无不对您心悦诚服。而且，兖州处于黄河与济水之间，是天下的要冲之地，如今虽已残破，但还易于自保，这正是将军的'关中''河内'，不能不先把这个基地安定下来。现在，已击破李封、薛兰，如果分兵向东进攻陈宫，他必然不敢再有西进的打算，我们便乘机收获已成熟的麦子，节约饭食，储备粮草，就可以一举击败吕布。击败吕布后，再向南与扬州刺史刘繇结盟，共同讨伐袁术，控制淮水、泗水一带。如果现在不管吕布，而去向东攻打徐州，多留兵则出征兵力不足，少留兵则只有让全体百姓守城，不要说收麦，连上山砍柴也不能进行。吕布乘虚进攻，民心就会更加动摇，只有鄄城、范县、濮阳可以保全，其余的城都会失去，那就等于您不再占有兖州了。如果出征不能平定徐州，将军将回到哪里去呢？而且陶谦虽然已死，徐州并不容易灭亡。那里的人接受往年失败的教训，必然因畏惧而团结一致，内外呼应。如今东边徐州的麦子已经收割，他们必定坚壁清野，等待将军。既攻不下城，又抢掠不到物资，不出十天，十万大军还没有作战已先自陷困境了。上次讨伐徐州，您曾实行威罚，徐州的子弟们想到父兄的仇恨，必然人人固守，不肯归降，即使您能攻破城池，仍不能使他们归顺。在考虑事情时，经常要有舍此取彼的选择，可以取大而舍小，可以求安全而舍危险，可以在不威胁根本稳固的前提下采取权宜之计。现在东征徐州，并不符合以上三个取舍标准，请将军仔细斟酌。"曹操这才打消了东征的念头。

吕布再次从东缗出发，与陈宫率领万余人来进攻曹操。曹操部下的士兵全都出去收割麦子，在营中的不到一千人，难以守住营寨。在营寨西边有一条大堤，南边有一片茂密深广的树林。曹操把一半士兵埋伏在堤后，另一半士兵暴露在堤外布下阵势。吕布的军队逼近时，曹操才命轻装部队挑战，等到两军厮杀在一起以后，伏兵才登上大堤杀出，步兵与骑兵一齐冲锋，大破吕布的军队，直追到吕布的营寨才返回。吕布当夜撤退。曹操又攻下定陶，分兵平定各县。吕布向东到徐州投奔刘备。张邈跟随吕布，让自己的弟弟张超带领家属退守雍丘。

吕布初见刘备时十分尊敬，对刘备说："我与你都是连疆出身的人，我见到函谷关以东诸州、郡起兵，目的是讨伐董卓。但我杀死董卓后来到关东，关东的诸将领没有一个接纳我，而都要杀死我！"吕布请刘备到自己帐中，坐在妻子的床上，让自己妻子向刘备行礼。又设酒宴款待刘备，称刘备为弟。刘备见吕布语无伦次，表面上与他应酬，心里感到不快。

李、郭汜相互攻击，一连几个月，死者数以万计。六月，李部将杨奉打算谋杀李，计划泄露，便率领部下背叛李，李的势力逐渐衰落。庚午（疑误），镇东将军张济从陕县来到长安，打算调解李与郭汜的争端，迎接献帝前往弘农。献帝也思念旧京洛阳，便派遣使者到李、郭汜营中传达圣旨。使者反复十次，李与郭汜才答应讲和，打算互相交换爱子，作为人质。李的妻子疼爱儿子，所以和约没有谈成。而在这段时间，李部下的羌人与胡人不断地到献帝住地的大门窥探，说："皇帝在这里面吗？李答应赐予我们的宫女，如今都在什么地方？"献帝不安，派侍中刘艾对宣义将军贾诩说："你以前对国家忠心耿耿，恪尽职守，因此得到提升，享受荣宠。如今羌人与胡人塞满道路，你应该筹划一个对策。"于是，贾诩大开酒宴，款待羌人和胡人的首领，许诺授予他们爵位和赏赐财物，这些羌人和胡人才全部离去，李从此势力单薄。于是又有人提出和解的建议时，李便同意与郭汜讲和，相互交换女儿做人质。

秋季，七月，甲子，献帝乘车出宣平门，正要过护城河桥，郭汜部下数百名士兵在桥上拦住去路，问："这是不是天子？"献帝车驾无法前进。李部下数百名士兵，全都手执大戟守在车前，两军就要交手，侍中刘艾大声喊："真的是天子！"让侍中杨琦把车帘高高掀起，献帝说："你们怎敢这样迫近至尊！"郭汜的兵才撤退，渡过桥后，官兵一起高呼："万岁！"晚上走霸陵，侍从官员与卫士都饥饿不堪，张济根据各人官职大小，分别给予饮食。李离开长安，驻军池阳。

丙寅，献帝任命张济为骠骑将军，允许他开府置僚属，待遇与三公相同。任命郭汜为车骑将军，杨定为后将军，杨奉为兴义将军，都封为列侯。又任命原为牛辅部曲的董承为安集将军。

郭汜想让献帝前往高陵，公卿与张济都认为应该去弘农，召开大会进行商议，但决定不下。献帝派使者去告诉郭汜："我只是因为弘农离祭祀天地之处和祖先宗庙较近，并无别的意思，将军不要猜

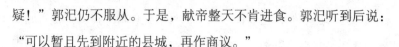

疑！"郭汜仍不服从。于是，献帝整天不肯进食。郭汜听到后说："可以暂且先到附近的县城，再作商议。"

八月，甲辰（初六），献帝到达新丰。丙子（疑误），郭汜又阴谋胁迫献帝西还，定都地。侍中种辑得到消息，秘密通知杨定、董承、杨奉，命令他们到新丰来会合。郭汜知道阴谋败露，于是抛弃他的军队，逃入终南山。

曹操率军包围雍丘，张邈去见袁术请求救援，他还没有走到，就被自己部下杀死。

冬季，十月，任命曹操为兖州牧。

戊戌（初一），郭汜的党羽夏育、高硕等策划劫持献帝西行，先纵火扰乱人心。侍中刘艾看到火起不息，就请献帝到其他军营中躲避火势。杨定、董承率军接献帝到杨奉营，夏育等出兵企图阻拦献帝，杨定、杨奉奋力作战，击败夏育等，献帝才得以逃出。壬寅（初五），献帝抵达华阴。

宁辑将军段煨准备好献帝的衣服车马等御用物品和公卿及以下官员们所需要的物资器具，想要献帝进驻他的大营。段煨与杨定有仇，杨定的同党种辑、左灵声称段煨蓄意谋反。太尉杨彪、司徒赵温、侍中刘艾、尚书梁绍都说："段煨不会谋反，我们愿以性命来作保证！"董承、杨定威胁弘农郡督邮，让他向献帝报告说："郭汜已来到段煨营中。"献帝惊疑不定，只好在路南露宿。

丁未（初十），杨奉、董承、杨定等人准备进攻段煨，派种辑、左灵来请求献帝下诏。献帝说："段煨并没有谋反的迹象，杨奉等人去进攻他，还要命令朕下诏吗？"种辑一再坚持，直到半夜，献帝仍然拒绝下诏。于是杨奉等就进攻段煨大营，一连十余天未能攻下。段煨供应献帝的御膳及百官的饮食，并没有二心。献帝下诏，派侍中、尚书等告诉杨定等，命令他们与段煨和解。杨定等奉诏回营。

李、郭汜后悔让献帝去弘农，听说杨定进攻段煨，就相互召响，共同率军援救，想乘机劫持献帝去西方。杨定听说李、郭汜前来，想退回蓝田，但被郭汜拦住，于是他自己单人匹马逃到荆州。张济又与杨奉、董承发生冲突，于是再次跟李、郭汜联合。

十二月，献帝抵达弘农。张济、李、郭汜一同追赶献帝，在弘农东涧展开大战，董承、杨奉的军队战败，被杀死的文武百官与兵士，不计其数。御用物品、符信典策、图书档案等几乎全部散落。射声校尉沮俊受伤落马，李对左右说："这人还能活吗？"沮俊诟骂道："你们这帮凶恶的逆贼，逼劫天子，使公卿被害，宫女流散。乱臣贼子，还没有人像这样大逆不道！"李将沮俊杀死了。

壬申，献帝抵达曹阳，露宿在外。董承、杨奉等假装与李等联合，而暗中派出使者到河东郡去招请原白波军的首领李乐、韩暹、胡才以及南匈奴右贤王去卑，全都各率部下数千骑兵前来，与董承、杨奉等合击李等。李等大败，被斩杀数千人。

董承等人认为李等刚刚被打败，可以继续东行。庚申（二十四日），献帝一行向东进发，董承、李乐保护车驾，胡才、杨奉、韩暹与匈奴右贤王去卑率军作为后卫。李等又来进攻，杨奉等大败，死亡人数比在弘农东涧时还多。光禄勋邓渊、廷尉宣、少府田芬、大司农张义全都被杀。司徒赵温、太常王绛、卫尉周忠、司隶校尉管被李俘虏，李要杀死他们，贾诩说："这些人都是朝中大臣，你怎么能杀害他们！"李这才作罢。李乐对献帝说："形势十分危急，陛下应该上马。"献帝说："我不能丢下百官自己逃命，他们有什么罪！"军队断断续续地在道路上连接有四十里长，然后到达陕县，筑起营寨固守。

　　当时，在大败之后，护驾的虎贲、羽林武士不到一百人。李、郭汜的兵士绕着献帝的营寨大声呼喊，官兵们惊慌失色，都有分散逃跑的想法。李乐感到恐惧，想让献帝乘船沿黄河而下，经过砥柱，从孟津上岸。太尉杨彪认为黄河水路艰难，不宜于让天子冒这么大的危险。于是派李乐乘夜渡河，秘密准备船只，举火把作为信号。献帝与公卿徒步走出营寨，伏皇后的哥哥伏德一手扶着伏皇后，一手挟着十匹绢。董承派符节令孙微用刀在人群中开道，杀死伏皇后身边的侍者，鲜血溅到伏皇后的衣服上。黄河堤岸离水面有十余丈高，无法下去，就用绢结成坐椅，让人在前面背着献帝，其余的人都爬着下去，有的人从堤岸上自己跳下去，把官帽全都撤坏了。到达河边后，士卒争先恐后地跳上渡船，董承、李乐等用长戈阻拦，船中堆满了被砍落的手指，多得可以用手捧起来。献帝这才上船，与他同时渡过河的，只有伏皇后以及杨彪以下数十人。宫女与跟随的官员、百姓未能渡河的，都遭到乱兵的掠夺，衣服全被脱光，连头发也被割掉，冻死的人不计其数。卫尉士孙瑞被李杀死。

　　李看到黄河北岸有火光，就派骑兵侦察，正看见献帝在渡河，就大声喊："你们把天子弄到哪里去？"董承害怕他们射箭，就把被子张开做帷幔进行掩护。到达大阳以后，进入李乐军营。河内郡太守张杨派数千人背着米来进贡。

　　乙亥，献帝乘坐牛车，抵达安邑。河东郡太守王邑奉献丝绵与绸缎，献帝全部赏赐予公卿及随行官员。献帝封王邑为列侯，任命胡才为征东将军、张杨为安国将军，都持符节，享有开府置僚属的权力。他们部下将领竞相向献帝乞请官职，因任命官员太多，来不及刻印，以致用铁锥来刻。

　　献帝住在以荆棘为篱的房中。门窗不能关闭，献帝与群臣们举行朝会时，兵士们就趴在篱笆上观望，相互拥挤取乐。

　　献帝又派太仆韩融到弘农，与李、郭汜等讲和，李这才放走被他浮虏的公卿百官，并归还了不少被掠去的宫女和御用物品。不久，粮食吃光，宫女们全都以野菜、野果充饥。

　　乙卯（十九日），河内郡太守张杨从野王县来朝见献帝，计划护送献帝返回洛阳，但是护驾的将领们不同意，张杨就又回到野王。

　　这时候，长安城中无人管理，达四十余天。身强力壮的都四散逃命，老幼病弱的只能自相残杀，靠吃人肉度日。两三年间，关中地区不再有人的踪迹。

点评：

　　李傕，字稚然，凉州北地郡泥阳县人。东汉末年汉献帝时的军阀、权臣，官至大司马、车骑将军、开府、领司隶校尉、假节。

郭汜，又名郭多，凉州张掖人，东汉将领。

二十、小霸王东征

沮授向袁绍建议说:"将军的祖先,几代都是国家大臣,世传忠义。如今天子流离失所,宗庙也残败毁坏。我看到各州、郡虽然表面上都声称是义兵,实际上互相图谋,并没有忧国忧民的想法。如今,将军已基本平定冀州地区,兵强马壮,将士听命,如果您向西去迎接天子,迁都邺城,就可以挟天子而令诸侯,积蓄兵马,讨伐不服从朝廷的叛逆,天下有谁能与您对抗?"颍川人郭图、淳于琼说:"汉朝王室的没落,为时已久,如今要使它复兴不是太困难了吗?而且英雄豪杰纷纷起兵,各据州、郡,部下人马动辄数以万计。这正是秦朝失其鹿,先得者为王的时机。现在,要是把天子迎接到自己身边,一举一动都要上表奏请服从天子,则自己权力减轻;不服从,则要蒙受违抗圣旨的罪名。这不是上策。"沮授说:"现在迎接天子,即符合君臣大义,又是最有利的时机,如果不能早日决定,必定会有人抢先下手。"袁绍没有采纳沮授的建议。

当初,丹阳人朱治曾经在孙坚部下担任过校尉,他看到袁术为政混乱,对待下属刻薄,就劝孙策返回故乡,去占据江东。当时孙策的舅父吴景攻打樊能、张英等人,一年多未能取胜。孙策便向袁术请求说:"我家在江东地区对人民有旧恩,我愿意帮助舅父去进攻横江。攻陷横江后,我便回到家乡去召募兵马,可以集结起三万兵众,用来辅佐将军平定天下。"袁术知道孙策对自己心怀不满,但由于当时扬州刺史刘繇占据曲阿,会稽郡太守王朗守在本郡,他认为孙策不一定能将他们击败，于是同意了孙策的请求，上表推荐他为折冲校尉。孙策率领千余名步兵和数十名骑兵出发，一边走一边招兵，到达历阳的时候，已经增加到五六千人。这时，周瑜的伯父周尚为丹阳郡太守，周瑜率兵迎接孙策，并援助他军费和粮草。孙策大喜，说："我得到你的帮助，一定能成功！"孙策进攻横江、当利，全都攻克，樊能、张英战败逃走。

孙策渡江以后，辗转作战，战无不胜，没有人能抵挡住他的攻势，百姓听到孙策将要到达全都失魂落魄。各地官员弃城出逃，躲到深山之中。及至孙策到来，军队奉有命令，不敢进行掳掠，民间的一只鸡、一条狗、一棵蔬菜，都不能触动。于是民心大为欢愉，争先用牛肉和美酒去慰劳孙策的军队。孙策相貌英俊，言谈幽默，性格豁达，能接受别人的意见，善于使用人才。因此，无论士大夫还是一般百姓，凡是见过他的人，都为他尽心尽力，乐意为他效死。

孙策进攻刘繇设在牛渚的营地，获得了存在那里的全部粮草与武器。当时，彭城国相薛礼、下邳国相丹阳人笮融都拥戴刘繇为盟主，薛礼驻守秣陵城，笮融驻军秣陵县南，都被孙策击破。孙策又攻破刘繇驻在梅陵的一支部队，转而进攻湖孰、江乘，全都攻克。到曲阿进击刘繇。

刘繇的同郡人太史慈这时从东莱来看望刘繇，正赶上孙策进攻曲阿。有人劝刘繇可任用太史慈为大将，刘繇说："我如果任用太史慈，许劭不会笑话我吗？"他只派太史慈去侦察敌军动静。有一次，太史慈只带一个骑兵外出，在神亭与孙策突然相遇，当时跟随孙策的有十三名骑士，都是辽西人韩当、零陵人黄盖等当年追随孙坚的旧将。太史慈便向前出战，正与孙策相对，孙策一枪刺中太史慈的马，夺得太史慈脖子后面插的手戟，而太史慈也夺得孙策的头盔。正在此时，两家的骑兵各自同时赶来，于是双方散开。

刘繇与孙策交战，兵败，逃往丹徒。孙策进入曲阿，慰劳赏赐将士，发布宽大命令，通知各县："凡是刘繇、笮融等人的乡亲故友和部下，前来自首归降的，一概既往不咎。愿意去当兵的，一家只出一人，免除全家的赋役负担；不愿再当兵的，也不勉强。"不过十天，应募者从四面涌来，得到二万余名兵士，一千余匹战马。孙策的声威震动江东。

丙辰（二十日），袁术上表推荐孙策代理殄寇将军。孙策的部将吕范对孙策说："如今，将军事业日益兴盛，部下将士越来越多，但军中纪律还有不完备的地方，我愿意暂时担任都督，帮助将军进行治理。"孙策说："子衡你既然是士大夫，手下又统率重兵，在外立下军功，难道应再让你屈居这种小官职，管理军中的细小事情吗？"吕范说："不然，我如今舍弃故乡来追随将军，不是为了妻子儿女，而是为了搞好世间的政务。譬如共同乘一条船去漂洋过海，一件事不牢靠，就使大家全都受害。我这样做，也是为我自己打算，不仅是为将军。"孙策笑了笑，无法回答。吕范出来后，就脱去单衣，换上便于骑马的军服，手执鞭子，到孙策办事的房前报告，自称兼任都督，于是孙策就授予他符传，委任所应主管的各项工作。自此之后，营中气氛严肃和睦，军纪严明，禁令得到彻底贯彻。

孙策委任张为正议校尉，彭城人张昭为长史，经常让他们一个人留守，一个人跟随自己出征。广陵人秦松、陈端等也参预决策。孙策以老师和朋友的礼节对待张昭，行政与军务大事，全都委托他来处理。张昭经常收到北方士大夫的书信，信中把江东地区的政绩都归功于张昭。孙策知道后，高兴地说："从前管仲在齐国为相，把诸事都交给他做主，而齐桓公终于成为五霸之首。如今，张昭为人贤明，我能任用他，他的功名难道不属于我吗？"

袁术委任堂弟袁胤为丹阳郡太守，周尚与周瑜都回到寿春。

刘繇想从丹徒逃到会稽郡，许劭对他说："会稽郡殷实富裕，正是孙策所贪图的，而且该郡又远在海边，你不能去那里。还不如到豫章郡，那里北连豫州，西接荆州，如果能把官员与百姓安顿好，派使者到朝廷去进贡，与占据兖州的曹操取得联系，尽管现在袁术隔断了豫章与中原的联系，但像他这样豺狼之辈不会长久。您是朝廷正式任命的刺史，曹操与刘表必定会予以援助。"刘繇听从了他的劝告。

起初，徐州牧陶谦委任笮融为下邳国相，派他负责监督广陵、下邳、彭城的粮食运输。笮融就把这三个郡国应交的粮食都据为己有，大肆兴建佛教寺庙，命令百姓诵读佛经，又招引邻郡的佛教徒五千余户迁徒到下邳国来。每逢释迦牟尼生日，举办"浴佛会"时，都在路边摆设宴席，连绵不断，长达数十里，耗费钱物数以亿计。到曹操击败陶谦，徐州局势动荡时，笮融便率领男女信徒万余人退到广陵。广陵郡太守赵昱用宾客之礼接待笮融。在这以前，彭城国相薛礼受到陶谦军队的逼迫，率领部下迁徒到秣陵。而笮融贪图广陵富庶，就在一次宴席上，乘酒酣之机杀死了赵昱，纵容部下大肆抢掠。又乘势渡过长江到秣陵去投靠薛礼。接着，又杀死了薛礼。

刘繇派豫章郡太守朱皓进攻袁术委任的豫章郡太守诸葛玄，诸葛玄退守西城。及至刘繇沿江西上，驻军彭泽，便派笮融去帮助朱皓进攻诸葛玄。许劭对刘繇说："笮融出动军队，不讲名节，不顾信义，朱皓喜欢以诚待人，要让朱皓严密提防笮融。"笮融到达后，果然用诡计杀死朱皓，接管了豫章郡事务。刘繇进军讨伐笮融，笮融战败，逃入深山，为当地百姓杀死。朝廷下诏，任命前太傅掾华歆为豫章郡太守。

丹阳郡都尉朱治赶走吴郡太守许贡，占领吴郡。许贡南逃，投靠山贼首领严白虎。

点评：

孙策之父孙坚因攻打荆州牧刘表而被刘表的部下黄祖埋伏所杀，长子孙策因此继承了父业。孙策的舅舅吴景当时任丹杨郡太守，但未到任，留在吴郡曲阿县，于是孙策用船载着母亲前往曲阿与舅舅吴景会合，也将父亲孙坚暂时葬在曲阿。

194年，孙策转而率领父亲旧部投靠寿春的袁术。为了积蓄力量东山再起，孙策四处结交豪杰，先后收揽周瑜、张昭、张纮等英才。太史慈与孙策二人单独决斗，孙策抢夺太史慈的手戟，太史慈抢走孙策的头盔。后来，孙策收伏太史慈，太史慈提议为孙策招降刘繇残兵，二人约定六十日内完成任务，于是孙策让太史慈离开，前去招降刘繇破后余下的万多士众。当时群臣皆认为不可相信才刚投效的太史慈，但孙策力排众议，坚持相信太史慈。60天后，太史慈果然招降了其他势力归来，孙策与太史慈推心置腹的信任传为佳话。

二十一、尔虞我诈

张超固守雍丘，曹操对他发动猛烈的围攻，张超说："只有臧洪会来救我。"部下众人都说："袁绍与曹操目前关系亲密，臧洪是袁绍推荐委任的官员，他必定不会破坏袁、曹的和睦而招惹大祸。"张超说："臧洪是天下知名的义士，最终不会背弃旧恩，只怕他被袁绍的强大力量控制，不能及时赶来。"臧洪当时担任东郡太守，他赤着双脚，大声痛哭着请求袁绍发兵，要去解救张超急难，袁绍不肯发兵。臧洪又请求自己率领东郡的人马去救援，袁绍也不允许。于是雍丘被曹操攻陷，张超自杀，他的全家老小以及内外亲属被曹操全部杀死。

臧洪因此怨恨袁绍，与袁绍断绝一切关系。袁绍发兵包围东郡，攻打一年多，仍未攻克。袁绍命令与臧洪同县的陈琳写信给臧洪，为他分析利害。臧洪复信说："我是一个渺小的人，本无大志。在仁途中，得到袁绍的赏识，受恩深厚，被委以重任，难道我愿意像今天这样干戈相向吗？当初我受任之时，自以为能完成大事，共尊王室。谁知道当我的本州受到攻击。郡长官陷于危难之时，我请求发兵，却遭到拒绝；想单独出兵，又在辞行时被扣下，致使我的故主全家被害。我对故主的节义，无法表达，难道还能顾全你我的朋友交谊，再去损害忠孝的名声吗？因此我强忍悲痛，挥戈而起，拭去眼泪，毅然决裂。别了，老朋友！你在境外谋求利益，我则为君亲效命；你托身投靠盟主袁绍，我则为朝廷尽心。你认为我将身死名灭，我也笑你虽生而无闻。"

　　袁绍见到臧洪的回信，知他没有投降的意思，就增兵猛攻。城中粮食已尽，外面没有强大的救兵，臧洪自知不能幸免，就把官员、将士和百姓召集来，告诉他们："袁绍无道，又图谋不轨，而且不去援救我本郡的长官，我出于君臣大义，不能不死。我想到你们与此并不相干，却凭空卷入这场大祸，可在城未破前，带领你们的妻儿去逃命。"众人都流着泪说："您与袁绍本来没有仇怨，如今只是为了本朝的旧长官，而自己找来灾难。我们怎能忍心抛下您去逃生！"开始，城中还能挖到老鼠，并煮食皮革制品，后来就再没有可吃的东西了。主簿告诉臧洪，内厨房只剩三升米，请主公允许做一点儿稠粥。臧洪说："我怎么能单独下咽呢！"便命人熬成稀粥，让所有的士兵共享。臧洪又杀死自己的爱妾，给将士食用。将士们都泪流满面，不能抬头仰视。城中有男女七八千人因饥饿而死，尸体相互枕藉，重叠堆积，但没有人背叛臧洪。城陷后，臧洪被生擒。袁绍召集诸将，审问臧洪说："臧洪，你为什么这样背叛我！今天服了没有？"臧洪两手撑着，坐在地上，瞪起眼睛说道："你们袁家侍奉汉朝，四代有五个人出任三公，可以说是受到皇室的深恩。如今皇室势力衰弱，却没有辅佐之意，反而想乘机图谋不轨，靠多杀忠良来树立自己的威望。我亲眼见到你称张邈为兄，那么我的故主、张邈弟弟张超也就是你的弟弟，大家应该齐心协力，为国除害，怎么能按兵不动，眼看着他被人杀害！我自恨力量薄弱，不能挥刀为天下人报仇，谈什么服不服。！"袁绍本来很喜欢臧洪，想要使他屈服后，再加宽怒。见他言辞激烈，知道决不会再为自己效力，就下令杀死臧洪。

臧洪的同县人陈容自小亲近敬慕臧洪，这时正好在座，站起来对袁绍说："将军身负大任，要为天下除害，却先诛杀忠义之人，怎么能上合天意！臧洪起兵是为了他的故主，为什么要杀他！"袁绍心中惭愧，派人把陈容拉出去，对他说："你不是臧洪那样的人，再讲这些话有什么用！"陈容回过头来说："仁义并没有一定形式，遵循仁义就是君子，背弃仁义就是小人。今天我宁愿与臧洪同日而死，不愿与将军同日生！"于是陈容也被杀死。在座的人无不叹息，私下互相议论说："怎么能在一天之中杀死两位烈士！"

公孙瓒杀死刘虞后，占有全部幽州，更加趾高气扬，倚仗自己的才干和武力，不体恤百姓。只记住别人的过失，却不记得别人的好处，连瞪他一眼的小事也必定要报复。对士大夫名望在他之上的，一定假借法律来加以陷害；对有才能的人，一定要想法压抑，把对方置于穷困之地。有人问公孙瓒这样做的原因，公孙瓒说："士大夫们全都自认为他们应该富贵，给他们富贵，他们也不会感谢。"所以，公孙瓒所宠信的都是商贩一类的庸人，与这些人结为兄弟，或者互通婚姻。这些人到处侵扰欺人，百姓怨恨他们。

已故幽州牧刘虞的从事、渔阳人鲜于辅等人，集结率领州中的军队，要一同为刘虞报仇。燕国人阎柔因平素威信较高，被推举为乌桓司马。阎柔召引胡人、汉人，有数万之多，与公孙瓒委任的渔阳郡太守邹丹在潞县以北大战，阎柔获胜，斩杀邹丹及其部下四千余人。乌桓峭王也率领乌桓人及鲜卑人，共七千余骑兵，随鲜于辅南下迎接刘虞的儿子刘和，与袁绍部将义联合，共计十万兵马，进攻公孙瓒。在鲍丘打败公孙瓒，斩杀两万余人。于是，代郡、广阳郡、上谷郡与右北平郡纷纷起兵，杀死公孙瓒所委任的官员，又与鲜于辅、刘和的队伍会师。公孙瓒军队屡战屡败。

在此之前，有童谣说："燕国南疆，赵国北界，中央不合，大如砺石，只有此中，可以避世。"公孙瓒自认为童谣所说的地方是指易县，就把自己的大本营迁到那里，在周围挖掘了十道堑壕，在堑壕内修筑许多土丘，每座土丘都有五六丈高，在上面建起高楼。在中央有一个最高的土山，达到十丈，供公孙瓒自己居住。以铁为门，左右侍卫全被隔在门外，七岁以上的男子不许入内，只与姬妾同住。文书、报告等都用绳子吊上城。他又命令妇女练习放大嗓门儿，使声音能传到数百步，以便向其他城楼传达命令。公孙瓒于是疏远宾客，没有亲信；部下的谋士与猛将逐渐离散。而且从此以后，公孙瓒也很少再出外作战。有人问起原因，公孙瓒说："我从前在塞外驱逐胡人部落，在孟津扫荡黄巾叛军，那时，自认为可以凭借自己的能力，平定天下叛乱。但到了今天，战乱才不过刚刚开始，看起来，大局并非能够由我决定。因此，不如让士兵们养精蓄锐，努力耕作，以渡过荒年。兵法上讲，百楼不攻。如今，我的军队分驻各楼，有深堑高楼数十重，存粮食三百万斛，吃尽这些粮食，足可以看到天下局势的变化了。"

南匈奴单于於扶罗去世，他弟弟呼厨泉继位，率部驻扎在平阳。

董承、张杨打算护送献帝回洛阳，杨奉、李乐不同意，于是将领们进一步相互猜疑。二月，韩暹进攻董承，董承败走，投奔驻在野王的张杨。韩暹驻军闻喜，胡才、杨奉率军前往坞乡。胡才准备进攻韩暹，献帝派人传旨，阻止他进军。

汝南、颍川的黄巾军首领何仪等率众投靠袁术，曹操出军击溃何仪等。

张杨派董承先去修缮被董卓烧毁的洛阳宫殿。太仆赵岐为董承去说服刘表，使刘表派兵到洛阳，协助修缮宫殿，并源源不断地输送军用物资和粮草。夏季，五月，丙寅（初二），献帝派使者到杨奉、李乐、韩暹等人营中，要求他们护送自己返回洛阳，杨奉等听从诏命。六月，乙未（初一），献帝抵达闻喜。

袁术进攻刘备，以争夺徐州。刘备派司马张飞守下邳，自己率军到盱眙、淮阴一带抵抗袁术。两军相持一个多月，各有胜负。下邳国相曹豹，是已故徐州牧陶谦的旧部，与张飞关系不好，被张飞杀死，下邳城中大乱。袁术写信给吕布，劝他袭击下邳，应许援助军粮。吕布大喜，率军水陆并进，向东袭击下邳。刘备部下的中郎将、丹阳人许耽打开城门，迎接吕布。张飞兵败退走，吕布俘虏了刘备的妻子儿女以及官员、将领们的家属。刘备听到消息后率军回救，到达下邳后全军溃散。刘备收拾残部，向东攻取广陵，与袁术交战，又被打败，退守海西。军中将士饥饿不堪，只好自相残杀，以人肉充饥。从事、东海人糜竺命出家中财产，资助军费。刘备向吕布请求投降。吕布也正愤恨袁术运粮中断，于是召刘备前来，又委任他为豫州刺史。吕布要与刘备一起进攻袁术，让刘备驻军小沛。吕布自称徐州牧。

吕布的部将河内人郝萌叛变，乘夜进攻吕布，吕布未戴冠帽，袒露衣衫，逃到都督高顺营中，高顺立即率军入府讨伐郝萌，郝萌战败逃走。到天明时，郝萌部将曹性斩杀郝萌。

庚子（初六），杨奉、韩暹护送献帝东还洛阳，张杨运输粮食，在路上迎接。秋季，七月，甲子（初一），献帝到达洛阳，住在前中常侍赵忠的家中。丁丑（十四日），大赦天下。八月，辛丑（初八），献帝到达洛阳南宫杨安殿。张杨认为献帝返回旧都是自己的功劳，所以把那座宫殿命名为杨安殿。张杨对诸将领说："天子，是全国百姓的天子，朝廷自有公卿大臣来辅佐，我应该离开京城，做抵御外敌的屏障。"他返回野王，杨奉也出京驻军梁县。韩暹、董承二人留在洛阳，负责保卫洛阳与皇宫的安全。癸卯（初十），任命安国将军张杨为大司马，杨奉为车骑将军，韩暹为大将军兼任司隶校尉，都被赐予代表天子权威的符节和黄钺。

当时，宫殿都被烧毁，百官劈开荆棘，靠在墙壁间居住。州、郡长官自拥有强兵，不肯进贡。官员们又饿又乏，尚书郎以下的官员自己出去采摘野菜。有人饿死于断垣残壁之间，有人被士兵杀死。

袁术认为，民间流行的一句预言"代汉者当途高"中的"途"与自己的名字"术"和表字"公路"相应，并认为袁氏的祖先出于春秋时代的陈国，是舜的后裔，舜是土德，黄色；汉是火德，赤色；以黄代赤，是五行运转顺序。他有了篡位的打算。听说孙坚得到传国御玺，袁术就扣留了孙坚的妻子，强行夺下。及至他听到献帝败于曹阳的消息，就召集部下，商议称帝事宜。部下无人胆敢应对。主薄阎象进言道："从前，周朝自始祖后稷传到文王，累积恩德，功勋卓著。三分天下，已经占有二分，但仍然臣服于殷朝。虽然您家世代为官显赫，但没有周朝当初的兴盛，汉朝王室虽然衰微，却没有殷纣王那样的暴行！"袁术听后默然不语。

袁术征聘隐士张范，张范不肯前往，派自己弟弟张承去向袁术表示歉意。袁术对张承说："我以土地的广阔，百姓和军队的众多，想要与齐桓公比美，以汉高祖为榜样，你觉得怎么样？"张承说："此事在于德，而不在于强。用恩德来顺应天下百姓的希望，即使是由一个人的资本去建立霸王的事业，也不困难。如果是想篡位，违背天时而动，会为众人所抛弃，谁也不能使他兴盛起来！"袁术听后很不高兴。

孙策听到消息后，写信给袁术说："商汤讨伐夏桀时说：'有夏多罪'，周武王讨伐殷纣王时说：'殷有重罚'，商汤与周武王，虽然有圣德，但假如当时夏桀、殷纣没有失道的过失，也没有理由逼迫他们而夺取天下。如今天子并未对天下百姓犯有过失，只是因为年龄幼小，被强臣所胁迫，与商汤和周武王的时代不同。即使像董卓那样贪淫凶暴，欺上凌下，野心极大的人，也还未也废黜天子，自立为帝。而天下还是一致痛恨他，何况仿效他而做得更过分呢！又听说年幼的天子明智聪敏，有早成之德，天下虽然还未承受到他的恩泽，但全都归心于他。您家中五代连续出任汉朝的三分或辅佐大臣，荣宠的深厚，任何家族都不能相比，应该忠心耿耿，严守臣节，以报答王室。这便是周公姬旦、召公姬的美业，天下人的愿望。现在人们多被图纬之类的预言书所迷惑，望文生义，牵强附会，只求讨主人的欢心，并不考虑成败。称帝的事，从古至今都十分慎重，岂能不深思熟虑！忠言逆耳，异议招致憎恶，但只要对您有益，我一切都不敢推辞。"袁术开始时自以为拥有淮南的兵众，预料孙策一定会拥护自己。及至接到孙策的信后，因忧虑沮丧而生病。他既然没有听从孙策的意见，孙策便与他断绝了关系。

曹操在许县，计划迎接献帝。部下众人都说："崤山以东尚未平定，而且韩暹、杨奉等人自认为护驾有功，骄横凶暴，不能迅速制伏。"荀说："以前，晋文公重耳迎纳周襄王，各国一致推举他为霸主；汉高祖为义帝发丧，身穿孝服，使得天下百姓诚心归附。自从天子流离在外，将军首先倡导兴起义军，只因崤山以东局势混乱，来不及远行迎驾。如今献帝返回旧京，但洛阳荒废，忠义之士希望能保全根本，黎民百姓也怀念旧的王室，为之悲伤。借此时机，奉迎天子以顺从民心，是最合乎时势的行动；用大公无私的态度使天下心悦诚服，是最正确的策略；坚守君臣大义，辅佐朝廷，招揽天下英才，是最大的德行。这样，尽管四方还有不遵从朝廷的叛逆，但他们能有什么作为？韩暹、杨奉之辈有什么值得顾虑！如果不及时决定，使别的豪杰生出奉迎的念头，以后尽管再费心机，也来不及了。"曹操派遣扬武中郎将曹洪率兵向西，到洛阳迎接献帝。董承等扼守险要阻拦，曹洪不能前进。

议郎董昭认为杨奉的兵马最强，但缺少外援，就用曹操的名义给杨奉写信说："我与将军相互倾慕，只听到名声，便已推心置腹。如今，将军在艰难之中救出天子，护送他回到旧都洛阳，护卫辅佐的功勋，盖世无双，是何等的美业！现在，各地不法之徒扰乱中原，天下不宁，君主的平安至关重要，事情主要靠辅佐大臣。所有的贤明之士必须一齐努力，才能肃清君王道路上的障碍，这决不是一个人的力量所能办得到的。心脏、胸腹与四肢，实际是互相依存的，缺少了任何一件，都不完整。将军应当在朝廷主持事务，我则作为外援，如今我有粮草，将军有兵马，互通有无，足以相辅相成，我们生死与共，祸福同当。"杨奉接到信后十分高兴，对其他将领说："兖州的军队，近在许县，有兵有粮，朝廷正可以倚靠他们。"于是诸将联名上表推荐曹操担任镇东将军，并承袭他父亲曹嵩的爵位费亭侯。

韩暹倚仗护驾有功，专横霸道，董承对他十分厌恶，就私下派人召请曹操，曹操亲率大军到洛阳。到达后，向献帝奏报韩暹、张杨的不法行为。韩暹害怕被杀，单人匹马投奔杨奉。献帝认为韩暹、张杨护驾有功，下诏一切不予追究。辛亥（十八日），命曹操兼任司隶校尉，主持尚书事务。于是曹操诛杀尚书冯硕等三人，处罚他们犯下的罪过；封卫将军董承等十三人为列侯，奖赏他们护驾有功；追赠射声校尉沮俊为弘农太守，哀怜他为国尽节而死。

　　曹操请董昭与自己并坐在一起，问他："现在我已到洛阳，应当采取什么策略？"董昭说："将军兴起义兵，讨伐暴乱，入京朝见天子，辅佐王室，这是春秋时期五霸的功业。现在洛阳的各位将领，都有自己的打算，未必听从将军的指挥。如今留在洛阳控制朝政，有许多不利因素，只有请天子移驾到许县这个办法最好。但是天子在外流离多时，刚回到旧都城，远近都盼望迅速获得安定，如今再要移驾，是不符合民心的。不过，只有做不同寻常的事情，才能建立不同寻常的功业，希望将军作出利多弊少的选择。"曹操说："我本来的计划就是这样的。只是杨奉近在梁县，听说他兵强马壮，该不会阻挠我吗？"董昭说："杨奉缺少外援党羽，所以他愿与将军结交。任命您为镇东将军、封费亭侯的事情，都是杨奉的主意，应该及时派遣使者带去重礼表示感谢，使他安心。并告诉他说：'洛阳无粮，想让献帝暂时移驾鲁阳，鲁阳靠近许县，运输较为便利，可以免去粮食匮乏的忧虑'杨奉这个人有勇无谋，一定不会疑心，在使者往来期间，足以定下大计，杨奉怎能进行阻挠！"曹操说："很好！"立即派使者去晋见杨奉。庚申（二十七日），献帝车驾出辕关，向东行进，于是迁都于许县，改称许县为许都。己巳（疑误），献帝抵达曹操军营，任命曹操为大将军，封武平侯。平始在许都建立祭祀皇家祖先的宗庙与作为国家象征的祭祀土、谷之神的社稷。

　　孙策打算攻取会稽郡。这时，吴郡人严白虎等，各有部众万余人，在各处建有许多堡寨。诸将领想先攻击严白虎等，孙策说：

"严白虎等人不过是一群强盗，没有大志，他们容易对付。"于是率军渡过浙江。会稽功曹虞翻劝太守王郎说："孙策善于用兵，不如先躲避一下他的锐气。"王朗不听，发兵据守固陵，抵抗孙策。

孙策几次渡水作战，都未能取胜。他的叔父孙静对他说："王朗据守坚城，很难一下攻破。从这里向南数十里是查渎，应从那里进入王朗的后方，这正是兵法上讲的：攻其无备，出其不意。"孙策采纳这个建议。夜里，点燃许多火把，作为疑兵。然后，派出一支部队从查渎道进袭高迁屯。王朗大惊，派前丹阳郡太守周昕等率军迎战，孙策打败周昕等人，斩周昕。王朗逃走，虞翻追随，掩护王朗，乘船渡海逃到东冶。孙策追击他们，大破王朗军，王朗只好向孙策投降。

孙策自己兼任会稽郡太守，仍委任虞翻为功曹，用朋友的礼节对待他。孙策喜欢外出打猎，虞翻劝阻他说："您喜欢轻装便服出行，随从官员来不及警戒，兵士们常常感到辛苦，身为长官，如不够稳重，就不容易树立权威。所以传说中的白龙，一旦变为鱼，普通的渔夫豫且就可射它；而白蛇自己放纵，被汉高祖刘邦杀死。请您稍加留心。"孙策说："你说得对。"但他仍不能改这个习惯。

曹操护送献帝从洛阳向东迁到许县时，杨奉从梁地出兵想要阻拦，但未来得及。

冬季，十月，曹操出兵征讨杨奉，杨奉向南投奔袁术，曹操攻陷了杨奉在梁地的营寨。

献帝下诏给袁绍，责备他："地广兵多，但专门结党营私，没听说有勤王救驾的军队出动，只是擅自互相讨伐。"袁绍上书，深自谴责和辩解。戊辰（疑误），任命袁绍为太尉，封邺侯。袁绍耻于自己的官位在曹操之下大发雷霆，说："曹操几次要死了，都是我救了他。现在他竟挟持天子，对我来发号施令！"上书辞让，拒绝接受。曹操感到害怕，请求把自己担任的大将军一职授予袁绍。丙戌（疑误），任命曹操为司空，代行车骑将军职务。

曹操委任荀为侍中，代理尚书令。曹操请荀推荐出谋划策之士，荀推荐自己的侄子、蜀郡太守荀攸和颍川人郭嘉。曹操征召荀攸为尚书，和他谈话后大为高兴，说："荀攸不是寻常之人，我能与他商议大事，天下会有什么可忧虑的呢！"任用荀攸为军师。

起初，郭嘉去见袁绍，袁绍对他十分礼敬。郭嘉住了几十天，对袁绍的谋臣辛评、郭图说："有智之士要审慎地选择主人，才能保全自己，建立功业。袁绍只想仿效周公姬旦礼贤下士，却不懂得用人的方法。事务繁杂，却缺少重点；喜欢谋略，但又优柔寡断。要与他共同拯救天下的大难，建立霸王之业，太困难了。我将另投明主，你们为何不离去呢？"辛评、郭图说："袁氏家族对天下有恩德，人们多来归附，而且现在他的势力最强，还要去投奔谁？"郭嘉知道他们执迷不悟，便不再说，于是离去。曹操召见郭嘉，与他谈论天下大事，高兴地说："使我成就大业的，一定就是此人！"郭嘉出来后，也高兴地说："这真是我的主人！"曹操上表推荐郭嘉为司空祭酒。

曹操委任山阳人满宠为许都行政长官。曹操堂弟曹洪门下的宾客在许都境内屡次犯法，满宠逮捕宾客进行审讯。曹洪写信向满宠求情，满宠不理。曹洪报告了曹操，于是曹操召见许都的主要官员。满宠知道将要教他释放宾客，便迅速将宾客处死。曹操高兴地说："负责的官员，难道不该这样做吗？"

北海郡太守孔融，以才气出众自负，立志平定祸乱。但他志大才疏，一直没有成效。他高谈阔论，盈溢官府，谈吐优雅，可使人玩味传诵，但把他的议论具体实施，却很难全行得通。他只会口出大言，而漏洞很多。他一时可得人心，但久而久之，人们便不愿再依附。他所任用的官员，好标新立异，多数是耍小聪明的轻浮之人。孔融尊奉大儒郑玄，以子孙之礼对待郑玄，把郑玄所居住的乡改名为郑公乡。对其他有名望的清俊之士左承祖、刘义逊等，全都只当作宾客奉陪在座而已，不与他们讨论国家政事，他说："这是人民尊敬的人物，不能失去他们。"

黄巾军来进攻北海郡，孔融战败，退守都昌。当时，袁绍、曹操、公孙瓒等的势力范围相互连接，孔融兵力薄弱，粮草不足，孤立在一个角落，与他们不相来往。左承祖劝孔融，应自己选择一个较大的势力作为依靠。孔融没有听从，反而将他杀死。刘义逊因此背弃孔融，离开北海郡。青州刺史袁谭进攻孔融，从春到夏，孔融部下只剩数百名战士，乱箭四飞，孔融却还靠在案几上读书，谈笑自若。都昌城在夜里被攻破，孔融这才逃往东山，他的妻子儿女都被袁谭俘虏。曹操与孔融是老友，就征召他到朝廷担任将作大匠。

袁谭刚到青州时，在黄河以西的疆界，不超过平原县。他向北攻击公孙瓒委任的青州刺史田楷，向东又攻破北海郡太守孔融，威望和惠政十分突出。但他后来信任一些奸佞小人，纵欲肆志，骄奢淫逸，声望便衰落了。

汉灵帝中平年以来，天下混乱分裂，百姓无法从事农业生产。各地纷纷组织军队，但都缺乏粮草，没有一年的储备。饥饿时就抢掠，吃饱后就扔掉剩下的粮食。军队分崩离析，未受攻击就自行瓦解的，数不胜数。袁绍在河北，军士靠吃桑椹度日；袁术在长江、淮河之间，以蛤蚌为食。很多百姓互相残杀，用人肉充饥，各地都是一片萧条景象。羽林监枣祗请求建立屯田制度，曹操采纳了他的建议。曹操委任枣祗为屯田都尉，委任骑都尉任峻为典农中郎将。召募百姓在许都周围屯田，收获谷物一百万斛。于是州、郡依照规定设置主管屯田的官员，各地存粮都装满了仓库。所以曹操出兵征战四方，无须运粮的劳苦，便能兼并各地方割据势力。军队与国家的富裕，是由枣祗创业，而由任峻完成的。

袁术害怕吕布危害自己，就为儿子向吕布女儿求婚，吕布答应了。袁术派遣部将纪灵等率领步、骑兵三万进攻刘备，刘备向吕布求救。吕布属下的将领们对吕布说："将军一直想杀刘备，这次可以借袁术的手来实现。"吕布说："不然。袁术如果击溃刘备，就可以向北联络泰山的诸将领，我就将陷入袁术的包围之中，因此不能不救刘备。"吕布便率领步、骑兵一千余人急速赶赴刘备处。纪灵等听说吕布前来，都收兵回营，停止攻战。吕布驻军沛城西南，派遣侍卫去请纪灵等人，纪灵等也派人来请吕布，吕布就前往纪灵营中，邀请刘备一起赴宴。吕布对纪灵等人说："刘玄德是我的弟弟，被你们围困，所以我来救他。我生性不喜欢聚合别人争斗，只喜欢化解别人的争斗。"于是命令军官把铁戟竖立在营门，吕布拉满了弓，对旁观的人说："你们看我射戟头旁边的戟支，如果射中，你们就各自罢兵，如果不中，你们可以留下厮杀。"吕布随即射了一箭，正中戟支。纪灵等全都大吃一惊，说："将军真是天赋神威！"第三天，又设酒欢宴，然后各自班师。

刘备集合起一万余人的部队，吕布认为受到了威胁，就亲自出兵攻打刘备。刘备败走，投奔曹操。曹操对他的待遇十分优厚，又让朝廷任命他为豫州牧。有人对曹操说："刘备有英雄大志，如今不趁早除掉他，必然会有后患。"曹操为此征询郭嘉的意见，郭嘉说："这种说法是对的。但是，您兴起义兵，为百姓除暴，诚心诚意地招募天下英雄豪杰，还唯恐他们不来。如今刘备有英雄之名，因走投无路前来投靠，而您却杀掉他，这将会使您得到谋害贤才的恶名。果真如此，有才智的人士将各自疑虑，改变心意，另选主人，您还去和谁一起平定天下！因除去一个人的祸患，而失去天下人的期望，这是关系今后安危的关键，您不可不仔细考虑。"曹操笑着说："你分析得很对。"于是拨给刘备一些军队，供应粮草，让他往东到小沛一带，集合被击溃的残部，与吕布对抗。

当初，刘备在豫州，曾推举陈郡人袁涣为茂才。袁涣被吕布扣留，吕布想要袁涣写一封信辱骂刘备，袁涣不答应，吕布再三强迫，仍被袁涣拒绝。吕布大怒，用剑威胁袁涣说："你写了这封信，就可以活；不写，就得死！"袁涣面不改色，笑着回答说："我听说只有道德可以使人感到羞耻，没听说用诟骂可以达到这个目的。假如刘备是个君子，他不会以将军的诟骂为耻；假如他真是小人，就将回骂将军，则受到羞辱的是将军，而不是他。而且，我当初跟随刘备，犹如今天跟随将军，如果有一天我离开这里，再为别人写信骂将军，难道可以吗？"吕布感到惭愧，于是作罢。

张济从关中率军进入荆州地界，攻穰城，被流箭射中而死。荆州官员都向荆州牧刘表祝贺。刘表说："张济因穷困潦倒而来，我作为主人，未尽到礼节，竟导致双方交锋，这并非我的本意。我只接受哀悼，不接受祝贺。"他派人去收容张济的部队，张济部下知道后大喜，全都诚心归附。张济的族侄、建忠将军张绣接管部队，驻守宛城。

当初，献帝离开长安后，宣威将军贾诩就交回印绶，到华阴去投靠段煨。贾诩素有名望，段煨军中将士很仰慕他，段煨对他礼遇十分周到。贾诩暗中筹投奔张绣，有人对他说："段煨待您这么优厚，您还要到哪里去？"贾诩说："段煨性情多疑，嫉妒我在军中的威望，虽然现在礼遇周到。但不能长久依赖，将来会有杀身之祸。我离开后，他一定很高兴，又希望我在外给他争取强援，必然会优待我的妻子儿女。张绣军中没有谋士，也愿意得到我，这样，我与家眷就必定都可以保全了。"贾诩就前往张绣军中，张绣对他十分敬重，以晚辈自居。段煨也果然对贾诩的家眷十分优待。贾诩劝说张绣依附刘表，张绣同意。贾诩去见刘表，刘表用宾客的礼节招待他。贾诩与刘表接触后，说："刘表在天下太平时，是担任三分的人才。但他看不清乱世的变化，又为人多疑，缺乏决断，不会有所作为！"

刘表在荆州爱护百姓，优待士大夫，和平自保，荆州境内安宁无事，百姓生活安定。函谷关以西、兖州、豫州的学者，来投奔刘表的数以千计。于是刘表建立学府，用以讲授儒家经典。他命令前宫廷雅乐郎、河南人杜制作雅乐。制作完毕后，刘表想在庭中观看演奏。杜说："如今将军在名义上不是天子，却设置雅乐当庭雅乐，恐怕不可以吧！"刘表于是打消此意。

平原人祢衡自幼有才华，能言善辩，但年轻气盛、刚直而又骄傲，孔融把他推荐给曹操。祢衡辱骂曹操，曹操大怒，对孔融说："祢衡这个小子，我要杀他，不过像宰一只麻雀或老鼠一样罢了！只是想到此人一向有虚名，杀了他，远近之人将说我没有容人之量。"把祢衡送给了刘表。刘表对祢衡礼节周到，把他当作上宾。祢衡很赞美刘表的所作所为，但却爱讥讽刘表左右的亲信。于是，刘表的亲信就势诬陷祢衡，对刘表说："祢衡称颂将军仁义爱人，可以与周文王相比。但又认为将军临事不能决断，而最终的失败，必定是由于这个原因。"这话实际上指出了刘表的缺点，但却不是祢衡说的。刘表因此大怒，知道江夏郡太守黄祖性情暴躁，就把祢衡送到江夏。黄祖对祢衡也很优待，但后来祢衡当众辱骂黄祖，黄祖将他杀死。

点评：

东汉末年的各路军阀尔虞我诈，阴险计谋层出不穷，你方唱罢我又登场。受苦受难的还是老百姓。

二十二、曹操诛吕布

春季，正月，曹操率军讨伐张绣，驻在水，张绣率部众投降曹操。曹操收纳张绣族叔张济的妻子为姬妾，张绣感到恼恨。曹操又送金银给张绣部下的绕将胡车儿，张绣得知后疑虑不安，袭击曹军，杀死曹操的长子曹昂。曹操被流箭射中，狼狈败逃。校尉内典同张绣奋力交战，左右的卫士死伤将尽，他身上受伤数十处，张绣部下冲上前来，他双后抓住两个敌人奋力击杀，最后，瞪起眼睛大骂张绣而死。曹操收集残部，退回舞阴驻守。张绣率领骑兵前来追击，被曹操击败，张绣退回穰城，再度与刘表联合。

这时，曹操部下诸军一片混乱，只有平房校尉、泰山人于禁整顿部队，有秩序地撤回。路上，于禁见到曹操属下的青州军抢掠百姓，便数说他们的罪状，并派兵进行攻击。青州兵逃走，去向曹操告状。于禁到达以后，先安营扎寨，没有立即去拜见曹操。有人对于禁说："青州兵已经先去告您的状了，您应该快去向曹公解释。"于禁说："如今敌人就在后面，随时都会赶到，不先做好准备，怎么迎敌？而且曹公英明，随意诬告怎么能行得通呢？"从容地挖好壕沟，安好营寨后，才进入拜见曹操，报告全部情况。曹操很高兴，对于禁说："水之败，连我也狼狈不堪，将军在混乱中能整顿好自己的队伍，讨平暴乱，巩固营垒，有不可动摇的气节，即使是古代名将，也不会比你更好！"于是累计于禁的前后战功，封为益寿亭侯。曹操率军返回许都。

　　袁绍在给曹操的信中，措辞十分傲慢。曹操对荀、郭嘉说："现在，我准备讨伐背逆君臣大义的袁绍，但势力没有他强大，应该怎么办？"他们回答说："刘邦的势力比不上项羽，是您所知道的。刘邦只靠谋略战胜项羽，所以项羽虽强，最终仍被击败。如今，袁绍有十项失败因素，而您有十项胜利因素，袁绍虽然强大，却不会有什么作为。袁绍讲究排场，礼仪繁多；而您待人接物出于自然，这是在处世之道上胜过他。袁绍身为臣子，如果起兵进攻，便是叛逆；而您尊奉天子以统率天下，这是在道义上胜过他。自从桓帝、灵帝以来，政令失于松弛，袁绍却用松弛来补救松弛，因此缺乏法纪，令出不行；而您用严厉来纠正松弛，使得大小官员都知道遵守法纪，这是在治理上胜过他。袁绍外表宽厚而内心猜忌，用人好起疑心，只信任亲戚子弟；而您外表平易近人，内心机敏善察，用人不疑，只看才干，不问远近亲疏，这是在器度上胜过他。袁绍计谋多而决断少，往往错过时机；而您制定了策略就立即施行，可应付无穷的变化，这是在谋略上胜过他。袁绍喜欢高谈阔论，谦恭揖让，沽名钓誉，因此，那些华而不实的士大夫多去投奔他；而您以至诚待人，不虚情假义，忠诚正直、有远见和真才实学之士都愿为您效力，这是在品德上胜过他。袁绍看到他人饥寒交迫，怜悯之情便在脸色上显露出来，但对没有看到的，就有时考虑不周；而您对于眼前的小事，经常忽略不管，但对于大事以及与全国各地的交往，您所施的恩惠却往往出人意外，对于看不到的事情，也考虑得无不十分周全，这是在仁义上胜过他。袁绍后下的大臣争权夺利，互进谗言，混淆视听；而您管理属下有方，谗言诬陷行不通，这是在明智上胜过他。袁绍做事没有标准，所是所非不可知；而您对正直、有功的人礼敬，对邪恶、犯罪的人以法律制裁、这是在文治上胜过他。袁绍喜欢虚张声势，而不知兵家要诀；而您善于以弱胜强，用兵如神，部下信赖，敌人畏惧，这是在武功上胜过他。"曹操笑道："照你们的分析，我有什么德能担当得起！"郭嘉又说："袁绍正在北方攻击公孙瓒，可乘他远征之机，先向东收拾吕布。如果袁绍攻我，吕布在旁支援，就会成为大害。"荀说："不先击败吕布，我们就不容易攻击占据河北的袁绍。"曹操说："你们分析得对。我感到为难的是又怕袁绍扰乱关中，向西联合羌人、胡人，向南勾结蜀、汉地方势力，那样的话，则我将仅以兖州、豫州来对抗全国其余六分之五的地区，该怎么办呢？"荀说："关中将领数以十计，各自为政，不能统一，其中韩遂、马腾势力最强，他们看到崤山以东地区发生争斗，必然各自拥兵自保，如今，要是用恩德去安抚他们，派使者去与他们联和，虽然不会长久安定，但足以维持到您克定崤山以东。侍中、尚书仆射钟繇有智谋，如果让他处理关中事务，您就不必忧虑了。"曹操于是上表推荐，并由朝廷批准，在命钟繇以侍中兼任司隶校尉持符节，监督关中地区诸军，还授予他不受法令制度约束的特权。钟繇到达长安后，发送文书给马腾、韩遂等，为他们陈述利害，马腾、韩遂等都表示服从朝廷，各自派遣儿子到朝廷任职，充当人质。

袁术在寿春登基做皇帝，自称"仲家"，改九江郡太守为淮南尹，作为京都最高行政长官。设置公卿百官，到郊外祭祀天地。沛国相陈是陈球弟弟的儿子，从小与袁术是朋友。袁术用文书征召陈，又劫持陈的儿子做人质，以求一定能召来陈。陈回信说："曹将军重振朝廷权威，将扫平叛逆，我以为您也会同心协力，辅佐汉家王室。然而您却阴谋不轨，以身试祸，还想要我因私废公，阿附于您，我宁死不从。"袁术打算委任前任兖州刺史金尚为太尉，金尚拒绝后逃走，袁术将他杀死。

三月，献帝下诏，派将作大匠孔融持符节到邺城，任命袁绍为大将军，兼管冀州、青州、幽州、并州四州的军务。

袁术派遣使者韩胤把自己称帝的事告诉吕布，并乘此机会要求为袁术的儿子迎娶吕布的女儿，吕布让女儿随韩胤回寿春。陈担心徐州与扬州联合在一起，祸难更难平定，就去劝说吕布："曹操奉迎天子，辅佐朝政，将军应该与他同心协力，共商大计。如今要是与袁术缔结婚姻，必然招来不义的名声，将会有危如累卵的处境。"吕布也怨恨袁术当初不肯接纳自己。吕布的女儿已随韩胤上路，吕布便将她追回来，拒绝了婚事，并给韩胤戴上刑具送走。韩胤在许都街市上处斩，他的人头被挂起来示众。

陈想让儿子陈登去晋见曹操，吕布坚决不同意。正在这时，献帝下诏任命吕布为左将军，曹操又亲自写信给吕布，对他大加慰勉和拉拢。吕布大喜，立即派陈登带上谢恩的奏章和答复曹操的信，前往京师。陈登见到曹操，指出吕布有勇无谋，反复无常，应该尽早对他下手。曹操说："吕布狼子野心，确实难以长期蓄养，除了你，没有人能够洞察他的虚伪。"随即将陈的官秩升至中二千石，并任命陈登为广陵太守。临别之时，曹操握着陈登的手说："东方的事情，就委托给你了。"命令他暗中联络部众，作为内应。

当初，吕布曾要陈登请求朝廷任命自己为徐州牧，这一请求遭到拒绝。陈登返回后吕布大怒，拔出戟来，猛击桌案，喊道："你父亲劝我与曹操联合，拒绝袁术家的婚事，如今，我的要求被拒绝，而你们父子却加官晋爵，只是我被你出卖罢了！"陈登不动声色，慢慢地回答："我见到曹操，对他说：'养将军就好像是养虎，必须让他吃饱，否则就会吃人。'曹操却说：'你说得不对，实际是与养鹰一样，只有让他饿着才服从命令，如果让他吃饱就会展翅高飞，无处寻觅。'曹操就是这样讲的。"吕布的怒气才平息下来。

袁术派遣大将线勋、桥蕤等与韩暹、杨奉联合，共有步兵、骑兵数万人，直逼下邳，分七路进攻吕布。吕布当时有步兵三千，战马四百匹，恐怕抵挡不住，就对陈说："今天把袁术的大军给招惹来是由于你的缘故，现在应该怎么办？"陈说："韩暹、杨奉与袁术只是暂时结合，没有永久的利害，也不能维持长期的团结。我儿子陈登预料他们就好像几只公鸡，决不能同时住在一个鸡窝里，很快就会离散。"吕布采用陈的计策，写信给韩暹、杨奉说："二位将军亲自护送天子从关中出来，而我亲自杀死董卓，都为国家立下大功。如今你们怎么能和袁术一起做贼！不如大家合力击破袁术，为国除害。"并且答应将袁术的军用物资以及粮草全部给他们两个。韩暹、杨奉收信后大喜，就改变主意，与吕布联合。吕布大军逼到距张勋营寨百步时，韩暹、杨奉部下同时倒戈，呼喊着一同冲向张勋营中，张勋等四散逃命，吕布军队追击斩杀袁术十名将领。其余的或被杀死，或落水淹死，袁术大军几乎全军复灭。吕布乘势与韩暹、杨奉合兵一处，前往寿春，水陆并进到达钟离，一路上烧杀抢掠，又渡过淮河，回到北岸，留下一封辱骂袁术的信。袁术亲自率领步、骑兵五千人，在淮河南岸炫耀武力。吕布的骑兵都在北岸大声嘲笑，然后撤回。

泰山盗贼首领臧霸到莒县去袭击琅邪国相萧建，攻陷莒县，得到萧建的辎重。臧霸曾答应送给吕布一部分，但没有送到，吕布就亲自前去索取。吕布的部将高顺劝阻吕布说："将军威名远扬，远近畏惧，想要什么会要不到，何必自己去索取财物！万一不成，岂不损害威名吗？"吕布不听。吕布到莒县后，臧霸等不知吕布的来意，坚守城池，抵御吕布，吕布空手而归。

高顺为人廉洁，有威望，很少说话。部下有七百余兵，号令整齐，每战必胜，号称"陷阵营"。吕布后来疏远高顺，因为魏续是自己的亲戚，就把高顺的部下拨给魏续指挥。等到需要冲锋陷阵时才又交给高顺率领，但高顺始终没有怨恨。吕布性情不稳定，反复无常，高顺每每劝他说："将军行动，不肯多加思考，忽然失利后，总说有错误，但错误怎么可一再发生呢？"吕布知道他忠于自己，但不能采纳他的意见。

曹操派议郎王携带献帝诏书，去任命孙策为骑都尉，承袭父亲孙坚的爵位乌程侯，兼任会稽郡太守。命令孙策与吕布及吴郡太守陈共同讨伐袁术。孙策想得到将军的名号，以抬高自己的地位，王就以献帝代表的名义，任命他为明汉将军。

孙策准备行装上路，走到钱唐时，吴郡太守陈阴谋袭击孙策，暗中勾结祖郎、严白虎等，让他们做内应。孙策察觉，派遣部将吕范、徐逸到海西去进攻陈，陈战败，单人匹马投奔袁绍。

当初，陈王刘宠勇猛过人，善用弓弩。黄巾军起兵后，刘宠征召境内兵士，固大守城池，陈国人惧怕他，不敢叛变。陈国的国相、会稽人骆俊一向很有威望，当时，诸封国的王、侯都已不再享有租赋收入，反而不断遭到抢掠，有的两天才能吃上一顿饭，流离在外，死于荒野。只有陈国仍很富强，邻郡的百姓纷纷前去投靠，拥有部众十余万人。到各州、郡起兵讨伐董卓时，刘宠率军驻阳夏，自称辅汉大将军。袁术向陈国要粮草，被骆俊拒绝，袁术大为生气，派刺客诈降，乘机杀死骆俊和刘宠，陈国从此衰败。

冬季，九月，司空曹操东征袁术，袁术听说曹操前来，抛下军队逃跑，留大将桥蕤等据守蕲阳抵抗曹操。曹操大破桥蕤等，将桥蕤等将领全部斩杀。袁术渡过淮河，逃到淮北。当时旱灾很重，土地荒芜，百姓饥寒交迫，袁术从此便没落下。

曹操延聘陈国人何为自己的僚属，问他对袁术的看法。何说："只有顺应潮流，才能得到上天帮助；只有信誉卓著，才能得到百姓帮助。袁术既不顺应潮流，又缺乏信誉，却盼望上天与百姓帮助他，怎么可以得到呢！曹操说："任何一个政权，失去贤能的人才，都会灭亡，袁术不能重视你这样的人才，灭亡的命运不是注定了吗？"曹操性情严厉，部下僚属往往因公事而受到棍棒的责打，何常常随身携带毒药，誓死不受责打的侮辱，因此，他到底也未受过责打。

沛国人许褚勇力过人，聚集少年勇士及宗族数千家，坚守寨垒，以抵御外侵。淮河、汝水、陈国、梁国一带都很畏惧他的势力。曹操进军到淮河、汝水一带时，许褚率领部众归附曹操，曹操高兴地说："这就是我的樊哙！"当天就委任许褚为都尉，让他做自己的侍卫首领，跟随许褚的少年侠客们，都被任命为侍卫武士。

前任太尉杨彪与袁术家有姻亲关系，曹操对此感到厌恶，便诬告杨彪图谋罢黜皇帝，另立新君。奏报献帝后，将杨彪逮捕下狱，指控他有大逆不道之罪。将作大匠孔融听到消息后，来不及换上朝服，就赶去见曹操，对他说："杨公四代都有清高的品德，受到天下人的仰慕。根据《周书》，父子兄弟，有罪都互不牵连，何况将袁术之罪加到杨彪头上！"曹操说："这是天子的意思。"孔融说："假如周成王要杀死召公，周公能说不知道吗？"曹操命令许都令满宠来审理杨彪案件，孔融与尚书令荀都嘱咐满宠说："只应接受杨彪的口供，不要用刑加以拷问。"满宠根本未加理睬，照样严刑拷问，过了几天，满宠求见曹操，汇报说："杨彪受刑后，没有供出什么罪行，这个人全国闻名，如果没有确实证据就定罪，必定会大失民心，我为您惋惜。"曹操当天就下令赦免杨彪。起初，荀、孔融听到满宠拷打杨彪的消息都感到愤慨，等到杨彪因此而被赦免，才明白满宠的用意，于是对待满宠更加亲近。杨彪看到东汉王室已经衰败，政权控制在曹操手中，就自称腿脚痉挛，十几年不走路，因此得以免祸。

太傅马日的灵柩运回京师，朝廷商议要为他大办丧事，提高仪式规格。孔融说："马日以上公的尊贵地位，代表天子出使，而他曲意谄媚奸臣，受奸臣的牵制。朝廷的大臣，怎么能以被人胁迫作为借口！天子怜悯旧臣，不忍加以追究，但不应该再提高规格。"朝廷接受了孔融的意见。已故兖州刺史金尚的灵柩运到京师，献帝下诏，命令文武百官进行祭吊，任命他的儿子金玮为郎中。

冬季，十一月，曹操再次进攻张绣，攻占湖阳，生拎擒刘表部将邓济。曹军又进攻舞阴，攻克。

韩暹、杨奉在十邳，纵兵抢掠徐州与扬州交界地区，但军队仍然饥饿，便向吕布告辞，打算到荆州投靠刘表。吕布不允许他们离开。杨奉知道刘备与吕布有宿怨，便暗中与刘备联络，想与刘备一起进攻吕布。刘备假装同意。杨奉率军到沛县，刘备请杨奉进城，摆宴席款待杨奉。酒宴还未到一半，就在席上将杨奉捆起来，随即斩杀。韩暹失去杨奉，十分孤立，率领部下十余名骑士投奔并州，途中被杼秋县令张宣杀死。胡才、李乐留在河东，胡才被仇人杀死，李乐自己病死。郭汜被部将伍习杀死。

颍川人杜袭、赵俨、繁钦到荆州避难，刘表都以宾客的礼节接待他们。繁钦屡次向刘表贡献奇计，受到刘表的欣赏。杜袭劝告繁钦说："我所以与你一起来到荆州，只是为了保全性命，以等待时机罢了。你难道认为刘表是拨乱反正的英主，而打算让长者托身于他吗？你如果不断显示才能，就不再是我的学生，咱们从此绝交！"繁钦感慨地说："我接受你的劝告！"及至曹操奉迎天子，定都许县，赵俨对繁钦说："曹操一定能安定全国，我知道应该归附谁了。"

阳安郡都尉、江夏人李通妻子的伯父犯法，赵俨将他逮捕问罪，判处死刑。当时，百姓的生杀大权都控制在州、郡长官手中。李通的妻子号哭着哀求李通救她伯父一命，李通说："我正与曹公同心协力，在道义上，不能以私废公！"李通赞扬赵俨执法无私，与赵俨结为好友。

春季，正月，曹操回到许都。三月，曹操准备再次进攻张绣，荀攸说："张绣与刘表互相依靠，力量强大。但张绣是外来的军队，完全依靠刘表供应粮草，刘表无力长期供给，最后势必会闹翻。不如暂缓出军，等待变化，采用招诱的手段吸引张绣。如果进军紧逼，则他们必然互相救援。"曹操没有采纳，进军包围张绣驻军的穰城。

夏季，四月，朝廷派谒者仆射裴茂到关中传达献帝所下诏书，命令段煨等诸将领联合讨伐李。段煨等将李的本族亲属全部诛灭，任命段煨为安南将军，封乡侯。

起初，袁绍每接到诏书，对其中一些于自己不利的措施，很觉烦恼，因此想把天子迁到离自己较近的持方。他派使者去游说曹操，指出许都地势低而潮湿，洛阳已经残破，最好迁都到鄄城，以靠近富裕的地区，便于供应。曹操拒绝了这个建议。袁绍的谋士田丰劝袁绍说："迁都的建议既然已被拒绝，应当早日进攻许都，奉迎天子。然后，就可利用皇帝的诏书号令全国，这是上策。不这样，最终会受制于人，尽管后悔也没有用了。"袁绍未予采纳。

正好袁绍部下有逃兵投奔曹操，说到男丰劝说袁绍袭击许都，曹操便从穰县解围撤退。张绣率军在后追赶。五月，刘表派军去援救张绣，驻在安众，据守险要，切断曹军退路。曹操给荀写信说："我到了安众，一定可以击败张绣！"及至到达安众，曹军腹背受敌，曹操于是乘夜开凿险道，假装要逃跑。刘表、张绣率领全部军队前来追击，曹操布下埋伏，命步兵与骑兵前后夹击，大破刘表与张绣联军。后来，荀询问曹操说："您以前料定敌军必败，是根据什么？"曹操说："敌人阻挡我们退兵，是把我军置于死地，我因此知道可以获胜。"

张绣追击曹操时，贾诩阻止他说："不能去追，追则必败！"张绣未听，进兵交战，大败而回。贾诩登上城墙，对张绣说："赶快再去追击，再战必胜！"张绣向他道歉说："没有听您的话，以致落到如此地步，现已大败，怎么还要再追？"贾诩说："兵势变化无常，赶快追击！"张绣一向信服贾诩的话，就收拾残兵败将，再去追赶。交兵会战，果然得胜而归。于是问贾诩说："我用精兵去追赶退军，而您说必败；用败兵去击败军，而您说必胜。结果完全如您预料，原因在哪里？"贾诩说："这很容易明白。将军虽善于用兵，但不是曹操的对手。曹操军队刚开始撤退，必然亲自率军断后，所以知道将军必败。曹操进攻将军，既没有失策之处，又不是力量用尽，却一下子率军撤退，一定是他的后方发生了变故。他已击败将军的追兵，必然轻装速进，而留下其他将领断后。其他将领虽然勇猛，却不是将军的对手，所以将军虽然率败兵去追击，也必能获胜。"张绣于是大为敬佩。

吕布又与袁术联合，派其部将中郎将高顺与北地太守、雁门人张辽进攻刘备。曹操派将军夏侯去援救刘备，被高顺等击败。秋季，九月，高顺等攻破沛城，俘虏了刘备的妻子儿女，刘备只身逃走。

曹操打算亲自去进击吕布，诸将都说："刘表、张绣在后，如果您率军远袭吕布，必然会发生危机。"荀攸说："刘表、张绣新近受创，在此情势下，不敢有所举动。吕布为人骁勇，又倚仗袁术的势力，如果他纵横淮河、泗水之间，必有其他豪杰起来响应。如今趁他刚刚背叛朝廷，众心不定，大军前往，可以将他击破。"曹操说："很好！"等到曹操大军出动时，泰山军首领臧霸、孙观、吴敦、尹礼、吕等都归附于吕布。曹操在梁地遇到刘备，一同进驻彭城。陈宫对吕布说："应当迎击他们，以逸待营。无往不胜！"吕布说："不如等待他们自己前来，我把他们赶到泗水中淹死。"冬季，十月，曹操在彭城屠城。广陵郡太守陈登率领广陵郡郡兵作为曹操的先锋，进抵下邳。吕布亲自率军，屡次与曹操交战，全都大败，只好退守城池，不敢出战。

曹操写信给吕布，为他陈述利害，吕布恐惧，打算投降。陈宫说："曹操远来，势不能停留过久。将军如果率领步、骑兵屯驻城外，由我率领剩下的军队在内守城，如果曹军进攻将军，我就领兵攻击他们的后背；如果曹军攻城，则将军在外援救。不过一个月，曹军粮食吃光，我们再行反击，可以破敌。"吕布同意，打算留陈宫与高顺守城，自己率骑兵截断曹军的粮道。吕布的妻子对吕布说："陈宫与高顺一向不和，将军一出城，陈宫与高顺必然不能同心协力地守城。万一出现什么问题，将军要在哪里立脚！而且曹操对待陈宫犹如父母对待怀抱中的幼儿，陈宫还舍弃曹操来投靠我们；你待陈宫并未超过曹操，就把全城交给他，抛别妻儿家小，孤军远出。如果一旦有变，我难道能再做你的妻子吗？"吕布就打消那个计划，偷偷派遣部下官员许汜、王楷向袁术求救。袁术说："吕布不把女儿给我送来，理应失败，为什么又来找我？"许汜、王楷说："您现在不救吕布，是自取败亡。吕布一破，您也就要破了。"袁术于是整顿动员军队，声援吕布。吕布担心袁术因为自己不送女儿而不发兵救援，就用丝绵将女儿身体裹住，绑到马上，乘夜亲自送女儿出城，与曹操守兵相遇。曹军弓弩齐发，吕布不能通过，只得又退回城中。

河内郡太守张杨一向与吕布关系很好，想去援救，但势力不足，只能率军出驻野王县东市，遥作声势。十一月，张杨部将杨杀死张杨，响应曹操。另一个部将眭固又杀死杨，率领部下向北投奔袁绍。张杨性格宽厚仁慈，没有威严，不讲法治。部下有人叛变而被发觉，他却对着叛徒流眼泪，予以原谅，不加追问，因此终于被害。

曹操挖掘壕沟包围下邳城。但很久未能攻克，兵士十分疲惫，他打算撤军。荀攸、郭嘉说："吕布有勇无谋，现在连战连败，锐气已衰。三军完全要看主将的情况，主将锐气一衰，则三军半志全消。陈宫虽有智谋，但机变不够。现在应该乘吕布锐气未复，陈宫智谋未定的时机，发动猛攻，可以消灭吕布。"于是，曹军开凿沟渠，引沂水、泗水来灌城。又过了一个月，吕布更加困窘，登上城头对曹军士兵说："你们不要这样逼迫我，我要向明公自首。"陈宫说："曹操不过是个逆贼，怎么配称明公！我们现在投降，就好像用鸡蛋去敲石头，岂能保住性命！"

吕布郭将侯成丢失一匹好马，不久又找回来了，将领们联合送礼给侯成，向他道贺。侯成设宴招待诸将，先分一份酒肉献给吕布。吕布发怒说："我下令禁酒，而你们又违令酿酒，打算借饮酒来共同算计我吗？"侯成又气又怕。

十二月，癸酉（二十四日），侯成与宋宪、魏续等将领共同捉住陈宫、高顺，率领部众归降曹操。吕布率领左右亲兵登上白门楼，曹军四面紧逼，吕布命令左右亲兵砍下他的人头去投降曹操，亲兵们不忍下手，吕布于是下楼投降。

吕布见到曹操，说："从今以后，天下可以平定了。"曹操说："为什么这样讲？"吕布说："您所顾忌的人，不过是我吕布。现在，我已归顺，如果让我率领骑兵，您自统步兵，则天下无人能敌。"吕布又回头对刘备说："刘玄德，你是座上客，我为阶下囚，绳子把我捆得太紧，难道不能帮我说句话吗？"曹操笑着说："捆绑猛虎，不能不紧。"于是下令给吕布松绑，刘备说："不行，您没有看到吕布侍奉丁原与董卓的情形吗？"曹操点头赞同。吕布瞪着刘备说："大耳朵的家伙，最不可信！"

曹操对陈宫说："你平生自以为智谋有余，现在怎么样？"陈宫指着吕布说："这个人不用我的计策，才落到这样的下场。如果他听我的话，也未必就被你捉住。"曹操说："那你的老母怎么办呢？"陈宫说："我听说，以孝道治理天下的人，不伤害别人的双亲，我老母的生死，决定于您，而不在我。"曹操说："你的妻子儿女怎么办？"陈宫说："我听说施仁政于天下的人，不灭绝别人的后代，妻子儿女的生死，也决定于您，而不在我。"曹操没有再说话。陈宫请求受刑，于是走出门，不再回头，曹操忍不住为他落泪。陈宫与吕布、高顺全都被绞死，他们的头颅被送到京师许都。曹操把陈宫的母亲召来，赡养她，直到去世；又把他的女儿嫁出去，对陈宫家属的持养照顾，比当初陈宫跟随自己时还要丰厚。

前任尚书令陈纪与他儿子陈群在吕布军中，曹操对他们全都以礼相待，并任用他们为官。张辽率领他的部下归降，被任命为中郎将。臧霸自己逃到民间隐藏起来，曹操悬赏将他捉拿，派他去招降吴敦、尹礼、孙观等，这些人全都到曹操营中归降。曹操于是分割琅邪和东海，增置城阳、利城和昌虑三郡，将臧霸等人全都任命为郡太守和封国国相。

起初，曹操在兖州时，徐翕、毛晖都是他部下的将领。及至兖州大乱时，徐翕与毛晖都叛变了曹操。兖州平定后，这两个人逃亡，投奔了臧霸。曹操让刘备传话，命令臧霸送来徐翕与毛晖的人头。臧霸对刘备说："我所以能够自立，正是因为不作这种出卖朋友的事情。我受到主公的不杀之恩，不敢违抗命令。但是，成就王霸大业的君主，可以用大义来说服，希望将军为我美言。"刘备把臧霸的话告诉曹操，曹操叹息着对臧霸说："这是古人的高尚行为，而你能作到，这正是我的愿望。"于是，将徐翕、毛晖都任命为太守。陈登因功升任伏波将军。

点评：

吕布，字奉先，汉族，东汉五原郡九原县人。东汉末年名将，汉末群雄之一，著名武将与割据军阀。曾先后为丁原、董卓的部将，也曾为袁术效力，曾被封为徐州牧，后自成一方势力，于建安三年在下邳被曹操击败并处死。正如曹操所评点的那样："吕布，凶暴居心狠毒习性难改，很难长期的收留。"

二十三、孙权之死

刘表与袁绍往来密切，交情深厚。治中邓对他进行劝告，刘表说："我对朝廷不缺进贡，对地方不背盟主，这是天下人都能理解的道理。你为什么偏要见怪呢？"邓自称有病而辞去职务。

长沙郡太守张羡，性格倔强，刘表对他不礼敬。长沙人桓阶建议张羡将长沙、零陵、桂阳三郡联合起来抗拒刘表，派使者向曹操表示归附，张羡听从了他的建议。

孙策派他部下的正议校尉张到朝廷进贡地方特产。曹操打算笼络孙策，就上表推荐孙策担任讨逆将军，封吴侯；把自己的侄女嫁给孙策的弟弟孙匡，又为儿子曹彰娶孙贲的女儿。还延聘孙策的弟弟孙权、孙翊到京师任职，任命张为侍御史。

袁术委任周瑜为居巢县长，临淮人鲁肃为东城县长。周瑜与鲁肃知道袁术最后成不了大事，都抛弃官职，渡过长江来投奔孙策。孙策任用周瑜为建威中郎将。鲁肃于是把全家都搬到曲阿来定居。

曹操上表，请朝廷征召被孙策俘虏的会稽郡太守王朗，孙策送王朗返回京师。曹操任命王朗为谏议大夫，参议司空府的军事。

袁术派遣秘密使者，将印绶带给丹阳郡地方势力首领祖郎等，要祖郎去煽动山越人，共同打击孙策。刘繇被孙策打败，投奔豫章郡时，太史慈逃到芜湖地区的山中，自称为丹阳太守；孙策已经平定宣城以东地区，只有泾县以西的六县还未征服。太史慈就进驻泾县，大受山越人的拥护。于是，孙策亲自率军到陵阳去征讨祖郎，将他生擒。孙策对祖郎说："你以前袭击我，曾砍中我的马鞍。如今我兴建军队，创立大业，抛除旧恨，只要是能用之才，就加以任用。我对天下人都是如此，不仅是你一个人，你不必害怕。"祖郎叩头请罪，孙策立即打开他的枷锁，任命他为门下贼曹。孙策又进军勇里攻讨太史慈，将他生擒。孙策解开捆绑太史慈的绳索，握着他的手说："还记得神亭相遇时的情景吗？如果你那时捉到我，会怎么对待？"太史慈说："无法估量。"孙策大笑着说："今天的大事，我要与你一同开创。听说你有胆烈，为人忠勇，是天下的智士，只是你所跟随的并不是真正的明主罢了。我是你的知已，不要担心不能如意。"随即任用太史慈为门下督。孙策大军返回时，祖郎、太史慈一同在前面开道，全军都认为是荣耀。

正在这时，扬州牧刘繇在豫章郡去世。他部下有万余人，打算推举豫章郡太守华歆为首领。华歆认为："利用时机擅自夺取权力，不是人臣应该做的事情。"刘繇的部众坚持了几个月，华歆最终还是表示辞谢，把他们送走。于是，这些部众无所归依。孙策命令太史慈前去安抚，他对太史慈说："刘州牧以前责备我为袁术进攻庐江。当时，我父亲遗留下的数千精兵都在袁术那里，我志在建立大业，怎么能不向他屈意低头而索求我父亲的旧部呢！后来袁朴不遵守臣节，不听从劝谏，大丈夫以道义相交，但有大的变动时，也不能不分离，我当初投靠袁术及后来与他断交的经过就是这样。只恨不能在刘州牧活着的时候向他解释清楚。如今，刘州牧的儿子在豫章，你去看望一下，并把我的意思宣告给他的部下，他们乐意来的就随你一同来，不乐意的也加以安抚，并观察一下华歆治理郡务的能力怎样。你需要带多少兵去，可以自作决定。"太史慈说："我曾犯下不可宽恕的重罪，将军有齐桓公、晋文公那样的气量，我应当以死报答将军的恩德。如今双方并没有交战，不宜多带人马，率领数十人足够了。"孙策左右的人都说："太史慈一定会向北逃走，不再回来。"孙策说："太史慈如果舍弃我，还会再追随谁？"孙策在昌门为太史慈饯行，握住太史慈的手腕道别说："什么时候能回来？"太史慈回答说："不过六十天。"太史慈走后，大家仍议论纷纷，认为派他去是失策。孙策说："你们不要再说，我已考虑周详。太史慈虽然为人勇猛、胆识过人，但不是一个反复之人。他以道义为重，一诺千金，一旦视作知己，生死不会相负。你们不要担忧。"太史慈果然如期返回，对孙策说："华歆品德高尚，但没有别的谋略，只能自保而已。另外，丹阳人僮芝擅自占领庐陵，番阳地方势力首领别立宗部，声称：'我们已在海昏、上缭另立郡府，不接受豫章郡的命令。'而华歆只能干瞪眼而已。"孙策拍手大笑，于是有了兼并豫章郡的想法。

袁绍连年进攻公孙瓒，不能攻克，就写信给公孙瓒，想与他解开过去的仇怨，互相联合。公孙瓒不予理睬，反而增强防备，他对长史、太原人关靖说："如今四方龙争虎斗，显然没有人能连年坐在我的城下相守，袁绍能对我怎么样！"袁绍于是大举增兵，向公孙瓒进攻。在此之前，公孙瓒据守各地的将领中，有人被敌军围困，公孙瓒不肯救援，他说："如果救了这一个人，会使其他将领以后依赖救援，不肯努力奋战。"等到袁绍前来进攻时，公孙瓒派到南境营寨防守的将领，自知坚守不住，又知必定不会有人援救，于是有的投降，有的溃散。袁绍大军长驱直入，到达易京城门。公孙瓒派儿子公孙续向黑山军的将领们求援，并准备自己率领精锐骑兵出城，奔往西山，带领黑山军反攻冀州，切断袁绍的退路。关靖劝阻公孙瓒说："如今将军部下将士无不怀着离散之心，所以还能坚守，只是因为顾念全家老少都在这里，而且依赖将军在此主持大局。继续坚守，拖延时日，或许能使袁绍知难自退。如果将军舍弃他们，率兵出城，后方无人做主，易京的陷落便指日可待。"公孙瓒于是放弃出城打算。袁绍大军逐渐进逼，公孙瓒部众日益窘迫。

春季，黑山军首领张燕与公孙续率兵十万，分三路援救公孙瓒，张燕的援军还未到，公孙瓒秘密派使者送信给公孙续，让他率五千铁骑到北方低洼地区埋伏，点火作为信号，公孙瓒打算自己出城夹击袁绍围城部队。袁绍的巡逻兵得到这封书信，袁绍就按期举火，公孙瓒以为援军已到，就率军出战。袁绍的伏兵发动进攻，公孙瓒大败，回城继续坚守。袁绍围城部队挖掘地道，挖到公孙瓒部队固守的城楼下，用木柱撑住，估计已挖到城楼的一半，便纵火烧毁木柱，城楼就倒塌了。袁绍用这种方法逐渐攻到公孙瓒所住的中京。公孙瓒自料必定不能幸免，就绞死自己的姊妹、妻子儿女，然后放火自焚。袁绍催促士兵登上高台，斩公孙瓒。田楷战死。关靖叹息说："以前，如果不是我阻止将军自己出城，未必没有希望。我听说君子使别人陷入危难时，自己一定与他分担患难，怎么能自已独自逃生呢！"就骑马冲入袁绍军中而死。公孙续被匈奴屠各部杀死。

渔阳人田豫劝告本郡太守鲜于辅说："曹操尊奉天子来号令诸侯，最终能够平定天下，应该早早归顺他。"鲜于辅于是率领部下归附朝廷。献帝下诏任命鲜于辅为建忠将军，都督幽州六郡军务。

起初，乌桓王丘力居死后，他的儿子楼班年龄还小，侄儿蹋顿勇武善战，富有谋略，就接替了丘力居的王位，总领上谷大人难楼、辽东大人苏仆延、右北平大人乌延等。袁绍进攻公孙瓒时，蹋顿率领乌桓人帮助袁绍。公孙瓒灭亡后，袁绍用皇帝的名义对蹋顿、难楼、苏仆延、乌延等都赐予单于印绶。袁绍又因为阎柔受到乌桓人敬重，对阎柔待遇特别优厚，以求得北方连境的安定。后来，难楼、苏仆延共同尊奉楼班为单于，以蹋顿为王，但实际事务仍由蹋顿掌管。

眭固驻军于射犬。夏季，四月，曹操进军到黄河岸边，派将军史涣、曹仁渡过黄河，进攻眭固。曹仁是曹操的堂弟。眭固亲自率军北上向袁绍求援，在犬城与史涣、曹仁相遇，史涣、曹仁进击，杀死眭固。于是曹操亲统大军渡过黄河，围困射犬，射犬投降。曹军还驻敖仓。

当初，曹操在兖州推荐魏种为孝廉。兖州反叛时，曹操说："只有魏种不会辜负我。"及至听到魏种逃走的消息，曹操大怒，说："你魏种不逃到南越、北胡，我就不放过你！"攻下射犬以后，生擒魏种，曹操说："只因为他有才干！"解开捆绑他的绳索，任用他为河内郡太守，让他负责黄河以北的事务。

袁术称帝后奢靡贪淫的程度比以前更厉害，后宫妃嫔有数百人，无不身穿绫罗绸缎，饱食精美的饭菜。属下将士饥饿困苦，他却毫不关心。不久，储存的各种物资都已耗尽，自己无法维持，于是烧毁宫殿，去投奔驻在山的部将陈简、雷薄，但又遭到陈简等的拒绝。于是袁术大为困窘，部下士兵不断逃走。他心中忧虑烦闷，无计可施，只好派人把皇帝的尊号送给他的堂兄袁绍，说："汉朝王室的气数久已尽了，袁氏应当接受天命为君王，符命与祥瑞都显示得很明白。如今您拥有四州的地盘，人口一百万户，我谨将上天授予的使命归献给您，请您复兴大业！"袁谭从青州来迎接袁术，想从下邳北方通过。曹操派遣刘备及将军、清河人朱灵率军进行拦截，袁术无法通过，再退回寿春。六月，袁术到达江亭，坐在只辅着竹席的床上，叹息说："我袁术竟落到这个地步吗？"气愤感慨成病，吐血而死。袁术的堂弟袁胤害怕曹操，不敢留在寿春，率领部下带着袁术的灵柩与家眷，投奔驻在皖城的庐江太守刘勋。前任广陵郡太守徐得到传国御玺，献给朝廷。

袁绍消灭公孙瓒后更加骄横，对朝廷进贡的次数和数量减少。主簿耿包秘密向袁绍建议，应当应天顺民，即位称帝。袁绍把耿包的建议告诉军府的官员，官员们一致认为耿包大逆不道，应该斩首。袁绍不得已，杀掉耿包以表白自己无意称帝。

袁绍挑选了精兵十万，良马万匹，打算攻打许都。沮授劝阻他说："近来讨伐公孙瓒，连年出兵，百姓疲困不堪，仓库中又没有积蓄，不能出兵。应当抓紧农业生产，使百姓休养生息。先派遣使者将消灭公孙瓒的捷报呈献天子，如果捷报不能上达天子，就可以上表指出曹操断绝我们与朝廷的联系，然后出兵进驻黎阳，逐渐向黄河以南发展。同时多造船只，整修武器，分派精锐的骑兵去骚扰曹操的边境，使他不得安定，而我们以逸待劳，这样，坐着就可以统一全国。"郭图、审配说："以您用兵如神的谋略，统率北方的强兵，去讨伐曹操，易如反掌，何必那样费事？"沮授说："用兵去救乱除暴，被称为义兵；倚仗人多势众，被称为骄兵。义兵无敌，骄兵先亡。曹操尊奉天子以号令天下，如今我们要是举兵南下，就违背了群臣大义。而且，克敌制胜的谋略，不在于强弱。曹操法令严明，士兵训练有素，不是公孙瓒那样坐等被打的人。如今要舍弃万全之计而出动无名之师，我为您担忧！"郭图、审配说："周武王讨伐商纣王，并不是不义；何况我们是讨伐曹操，怎么能说是师出无名？而且以您今天的强盛，将士们急于立功疆场，不乘此时机奠定大业，就正像古人所说的：'不接受上天给予的赏赐，就会反受其害。'这正是春秋时期越国所以兴盛，吴国所以灭亡的原因，监军沮授的计策过于持重，不是随机应变的谋略。"袁绍采纳了郭图等的意见。郭图等乘机向袁绍讲沮授的坏话，说："沮授总管内外，威震三军，如果势力逐渐扩张，将怎样控制他！臣下的权威与君主一样，就一定会灭亡，这是兵书《黄石》指出的大忌。而且统军在外的人，不应同时主持内部政务。"袁绍就把沮授所统领的军队分为三部分，由三位都督指挥，派沮授、郭图与淳于琼各统一军。骑都尉、清河人崔琰劝阻袁绍说："天子在许都，民心倾向于那边，不能进攻！"袁绍不听。

许都的将领们听说袁绍要来进攻，都心中害怕。曹操说："我知道袁绍的为人，志向很大而智谋短浅，外表勇武而内心胆怯，猜忌刻薄而缺少威信，人马虽多而调度无方，将领骄横而政令不一，他的土地虽然广大，粮食虽然丰足，却正好是为我们预备的。"孔融对荀说："袁绍地广兵强，有田丰、许攸这样的智士为他出谋划策，审配、逢纪这样的忠臣为他办事，颜良、文这样的勇将为他统领军队，恐怕难以战胜吧！"荀说："袁绍的兵马虽多，但法纪不严。田丰刚直，但昌犯上司；许攸贪婪，又治理无方；审配专权，却没有谋略；逢纪处事果断，但自以为是。这几个人，势必不能相容，一定会生内讧。颜良、文不过是匹夫之勇，一仗就可以捉住他们。"

秋季，八月，曹操进军黎阳，派臧霸等充领精兵，到青州去保卫东方边境，留于禁驻扎在黄河之畔。九月，曹操返回许都，分兵驻守官渡。

袁绍派使者去拉拢张绣，并给张绣的谋士贾诩写信，表示愿与贾诩结交。张绣打算答应袁绍。贾诩在张绣招待袁绍使者时，高声对使者说："请回去为我们谢谢袁绍的好意，他与兄弟袁术不能相容，而能容天下的英雄豪杰吗？"张绣又惊又怕，说："怎么至于这样！"他悄悄地对贾诩说："像现在这样，咱们应当依靠谁？"贾诩说："不如依靠曹操。"张绣说："袁绍势力雄厚，曹操势单力孤，而且我们以前又与曹操结过怨仇，怎么归附他呢？"贾诩说："正因为如此，才应当归附曹操。曹操尊奉天子以号令天下，名正言顺，这是应该归附的第一条理由。袁绍强盛，我们以不多的人马去投靠他，必定不会受到重视；而曹操势单力薄，得到我们必然十分高兴，这是应该归附的第二条理由。抱有称霸天下大志的人，一定会抛弃私怨，以向四表明他的恩德，这是应该归附的第三条理由。希望将军不要疑虑。"

冬季，十一月，张绣率部投降曹操。曹操握着张绣的手，与他一起欢宴，为儿子曹均娶张绣的女儿为妻。任命张绣为扬武将军；上表推荐贾诩担任执金吾，封都亭侯。

关中地区的将领们看到袁绍与曹操正在争斗，都保持中立，坐观成败。凉州牧韦端派遣从事、天水人杨阜前往许都，杨阜返回后，关中将领们问他："袁绍与曹操相争，将会谁胜谁败？"杨阜说："袁公宽容而不果断，好谋而迟疑不决；不果断就没有威信，迟疑不决就会错过时机，如今虽强，但终究不能成就大业。曹公有雄才大略，当机立断，毫不迟疑，法令统一，兵强马壮，能不拘一格地任用人才，部下各尽其力，一定能成就大业。"

曹操派治书侍御史、河东人卫觊镇抚关中地区。当时有许多难民归来，关中的将领们大多把他们收容，作为部下。卫觊写信给荀说："关中土地肥沃，不久前遭受战乱，百姓流入荆州的有十万余家。听说家乡安宁，都盼望返回故乡。但回乡的人无法自立谋生，将领们争相招揽他们，作为部曲。郡、县贫弱，没有力量与将领们抗拒，于是将领们势力扩大，一旦发生变故，必然会有后患。盐，是国家的重要财富，战乱以来无人管理，应当依照过去的制度，设置使者负责专卖，用专卖的收入去购买农具、耕牛，如果有返乡的百姓，就供应他们，让他们辛勤耕作，广积粮食，使关中富裕起来。流亡远方的百姓知道后，必定不分昼夜地争着归来。还应该让司隶校尉留驻关中，主持关中地区事务。这样，将领们的势力就会日益削弱，官府与百姓就会日益强盛，这是强固根本，削弱敌人的好办法。"荀把卫觊的建议报告给曹操，被曹操采纳。于是开始派遣谒者仆射主管盐政事务，监督专卖，将司隶校尉的官署设在弘农。关中地区从此受到朝廷控制。

袁绍派使者向荆州牧刘表请求援助，刘表应许他的请求，但援军始终不到，而他也不帮助曹操。从事中郎、南阳人韩嵩和别驾、零陵人刘先劝刘表说："如今袁绍、曹操两雄相持，天下的重心在于将军。如果您想有所作为，可以乘他们斗得两败俱伤时起兵；如果没有那个意思，就应当选择所应归附的对象，进行援助。怎么能拥兵十万，坐观成败，遇到求援而不能相助，看见贤能的人而不肯归附！这样，双方的怨恨必定都集中到您身上，您恐怕就不能中立了。曹操善于用兵，贤才俊杰多为他效力，势必战胜袁绍，然后他再进军长江、汉水一带，恐怕将军您抵御不住。如今最好的办法，不如将荆州归附曹操，曹操一定会感激将军，将军就可以长享福运，并可传给后代，这是万全之策。"蒯越也劝刘表这样做，刘表犹豫不决，于是派韩嵩前往许都，对韩嵩说："如今天下不知谁能最后胜利，而曹操拥戴天子，建都于许县，你为我去观察一下那里的形势。"韩嵩说："圣人可以通达权变，次者只能严守节操。我是个守节的人，君臣名分一定，就以死守之。如今我作为将军的僚属，只服从您的命令，赴汤蹈火，虽死不辞。据我看来，曹操一定会统一天下。如果将军能上尊天子，下归曹操，就可以派我出使许都；如果将军犹豫不决，我到京城，万一天子授予我一个官职，又无法辞让，则我就成为天子之臣，只是将军的旧部了。既成为天子的臣属，便遵奉天子的命令，在大义上就不能再为将军效命了。请您三思，不要辜负了我的一腔忠诚！"刘表以为韩嵩害怕出使到许都，就强迫他去。韩嵩到达许都，献帝下诏，任命韩嵩为侍中、零陵郡太守。韩嵩从许都返回后，盛赞朝廷与曹操的恩德，劝刘表把儿子送到朝廷做人质。刘表大怒，认为韩嵩有二心，就召集全体僚属，排列武士，手持代表天子权力的符节，打算杀死韩嵩。刘表责问韩嵩说："韩嵩，你竟敢怀有二心吗？"大家都为他担心，劝他向刘表谢罪。韩嵩不动声色，态度从容地对刘表说："是将军辜负了我，我并没有辜负将军！"就把自己以前说过的话又重复了一遍。刘表的妻子蔡氏劝告刘表说："韩嵩是楚地有名望的人士，而且他的话有理，杀他没有罪名。"刘表仍然怒气不息，用重刑拷问跟随韩嵩出使的官员，有的被拷打致死，终于知道韩嵩没有背叛自己的意思，就未杀韩嵩，而把他囚禁起来。

扬州地区叛匪首领郑宝打算裹胁百姓到长江以南，他认为淮南人刘晔出身皇族，本人名望又高，准备劫持刘晔，以刘晔的名义来发动此事，刘晔对此很忧虑。正好曹操派遣使者到扬州来调查一件事情，刘晔就邀请使者同自己一道回家。郑宝前来拜见使者，刘晔留他参加宴会。在宴会上，刘晔亲手用刀杀死郑宝，砍下他的头颅。然后，拿着郑宝的人头，命令郑宝的部下："曹公有命令，胆敢不服从命令的，与郑宝同罪。"郑宝部下有数千人，都被镇服，推举刘晔作首领。刘晔把这数千人交给庐江郡太守刘勋，刘勋很奇怪，询问原因。刘晔说："郑宝军中没有纪律，部众向来靠抢掠百姓取利。我一向没有资才，而又要对他们进行整编，必然会引起怨恨，局面难以持久，所以把这些人交给您管辖。"刘勋因为收容袁术的部属太多，粮草供应不上，就派遣堂弟刘偕向上缭的宗党首领们征集粮草。上缭宗党首领们未能满足刘偕的要求，刘偕就通知刘勋，请他派兵进行袭击。

会稽郡太守孙策对刘勋的强大势力颇为忌惮，假装言辞谦卑地对刘勋表示顺服说："上缭的宗党民众，屡次欺负本郡，我打算进攻他们，但路远不便。上缭很为富庶，希望您进兵讨伐，我愿出兵作为外援。"并用珠宝和葛布来贿赂刘勋。刘勋大喜，内外一致向他祝贺，只有刘晔不以为然。刘勋问他原因，刘晔说："上缭虽小，但城堡坚固，壕沟深广，易守难攻，不会在十天之内攻克。大军被困在坚城之下而后方空虚，如果孙策乘虚袭击我们，后方便难于自守。这样，将军进不能攻陷敌城，退又无家可归。因此，如果大军一定要出，灾祸今天就会到来。"刘勋不听，于是讨伐上缭。大军到达海昏，宗党首领听到风声，全都赶快逃跑，只留下空城，刘勋什么也没有抢到。这时，孙策率兵向西进攻黄祖，走到石城，听说刘勋在海昏，就分派堂兄孙贲、孙辅率领八千人驻在彭泽，自己与兼任江夏郡太守的周瑜率领二万人袭击刘勋的根据地皖城，攻克该城，俘虏了袁术与刘勋的家眷以及部曲三万余人。孙策上表推荐汝南人李术担任庐江郡太守，拨给他三千士兵，守卫皖城，把其余被俘的人都东迁到自己控制的吴郡。刘勋率军返回，到达彭泽，受到孙贲、孙辅的截击，大败。刘勋退守流沂，向黄祖求救，黄祖派儿子黄射率五千水军来援助刘勋。孙策再次前来进攻刘勋，刘勋大败，向北投奔曹操，黄射也逃走了。孙策收编了刘勋部下的士兵二千余人，俘获了一千艘船只，乘势进攻黄祖。

十二月，辛亥（初八），孙策进军到沙羡，刘表派遣遣侄子刘虎与大将南阳人韩，率领五千名手持长矛的士兵来救黄祖。甲寅（十一日），两军会战，孙策大败敌军，斩杀韩。黄祖脱身脱逃走，黄祖的家眷及战船六千艘被孙策俘获，黄祖部下士兵被杀死及淹死的有数万人。

孙策统大军准备进攻豫章郡，驻扎在椒丘，他对功曹虞翻说："华歆虽有名望，但不是我的对手。如果他不开门让城，一旦发动进攻，不会没有死伤。请你就在他的面前，讲明我的意思。"虞翻就先去拜见华歆，说："听说您与我郡的前任太守王郎在中原地区都享有盛名，受到海内的一致尊崇，虽然我居住在偏远的东方，心中常常景仰。"华歆说："我不如王朗。"虞翻又说："不知豫章郡的粮草储存、武器装备以及民众的勇敢斗志，比我们会稽郡如何？"华歆说："远远比不上。"虞翻说："您说名望不如王朗，是谦虚之词。但兵力精强比不上会稽，则正如您的判断。孙将军智谋出众，用兵如神。以前，他攻破扬州刺史刘繇，是您亲眼所见；再向南平定我们会稽郡，您也一定有耳闻。如今，你要固守孤城，自己已知粮草不足，不早作打算，后悔就来不及了。现在孙将军大军已到椒丘，我这就回去，如果明天中牛迎接孙将军的檄文还没送到，我就不能与您再见了。"华歆说："我久在江南，常想北归家乡，孙将军一到，我就离开。"于是，华歆连夜赶写迎接孙策的檄文，第二天一早，就派人送到孙策军前。孙策随即领军前进，华歆头戴葛巾，身着便装迎接孙策。孙策对华歆说："您年高德劭，名满天下，深为远近人心所归；我年幼识浅，应当用子弟拜见长辈的礼节见您。"于是，孙策按照子弟的礼节拜见华歆，将华歆尊为上宾。

孙盛曰："华歆既没有伯夷与商山四皓那样不慕荣利的高风亮节，又失去朝廷大臣尽忠忘私的操守，却屈从邪恶书生的游说，结交孙策那样的横行之徒，官位被夺，气节堕毁，有什么过错比这更大的呢！"

孙策分豫章郡，另立庐陵郡，委任孙贲为豫章郡太守，孙辅为庐陵郡太守，恰好占据庐陵的僮芝有病，孙辅就进军攻取庐陵，留周瑜镇守巴丘。

孙策攻克皖城时，安抚照顾袁术的妻子家小；等到他进入豫章，又运送刘繇的棺柩，厚待刘繇的家属。士大夫因此而称赞孙策。

会稽郡功曹魏腾曾经得罪孙策，孙策要杀死他，众官员忧虑恐惧，却又无计可施。孙策的母亲吴夫人倚着大井的栏杆，对孙策说："你刚刚开创江南的局面，诸事都还没有安顿，正应该礼贤下士，不念过失，只记功劳。魏功曹在公事上尽职尽责，你今天杀了他，那么明天别人都会背叛你。我不忍心见到大祸临头，应当先投到这个井里自尽！"孙策大惊，赶快释放魏腾。

当初，吴郡太守、会稽人盛宪曾推荐高岱为孝廉，许贡来接管吴郡，高岱就把盛宪藏在营帅许昭家中避难。乌程人邹他、钱铜以及嘉兴人王晟等，每人都拥有部众一万余人或数千人，不肯归附孙策。本年，孙策进军讨伐，将他们全部击破，就又挥军进讨严白虎。严白虎战败，逃到余杭，投奔许昭。孙策部将程普请求进击许昭，孙策说："许昭对过去的长官有义，对老朋友有诚，这正是大丈夫应有的志气。"于是，没有进军去逼迫许昭。

曹操又进驻官渡。曹操身边的侍卫徐他等策划谋杀曹操。他们进入曹操的营帐，刚想动手，见到校尉许褚脸色大变。许褚发觉，将徐他等杀死。

当初，车骑将军董承声称接受了献帝衣带中的密诏，与刘备一起密谋刺杀曹操。

一天，曹操从容地对刘备说："如今天下的英雄，只有您和我罢了，袁绍之流，是算不上数的！"刘备正在吃东西，匙子和筷子跌落，正遇到天上打雷，刘备乘机说："圣人说：'遇到迅雷和暴风，使人改变脸色。'真是这样。"事后，刘备便与董承以及长水校尉种辑、将军吴子兰、王服等一同策划。这时，曹操派遣刘备与朱灵去截击袁术，程昱、郭嘉、董昭等都劝阻曹操，说："不可派遣刘备率兵外出！"曹操后悔，派人去追，没有追上。袁术既向南退回寿春，朱灵等班师加朝。刘备就杀死徐州刺史车胄，留关羽镇守下邳，代理下邳郡太守，自己回到小沛。车海乱匪首领昌以及其他郡县多背叛曹操，归附刘备。刘备拥有部众数万人，派使者与袁绍联系会师。曹操派遣司空长史、沛国人刘岱和中郎将、扶风人王忠率军进攻刘备，刘贷等失利。刘备对刘岱等人说："像你们这样的，来上一百个，也不能把我怎么样；如果曹公亲自来，胜负就难以预料了。"

春季，正月，董承的密谋败露。壬子，曹操杀死董承和王服、种辑，并将他们的三族全部屠灭。

曹操打算亲自出马讨伐刘备，将领们都说："与您争夺天下的是袁绍，如今袁绍大军压境，而您却向东讨伐刘备，如果袁绍在背后进行攻击，怎么办？"曹操说："刘备是人中豪杰，如今不进攻他，必定成为后患。"郭嘉说："袁绍性情迟钝，而且多疑，即使来进攻，也必定不会很快。刘备刚刚创立基业，人心还没有完全归附，赶快进攻，一定能将刘备击败。"曹操于是挥师东征刘备。冀州别驾田丰邓袁绍说："曹操与刘备交战，不会立即分出胜负，将军率军袭击他的后方，可以一举成功。"袁绍因儿子患病而推辞，未能出兵。田丰举杖击地说："唉！遇到这种难得的机会，却因为婴儿的病而放弃，可惜啊，大事完了！"

　　曹操进攻刘备，将刘备打败，俘虏了他的妻子家小。曹操接着攻克下邳，捉住关羽，又击败昌。刘备逃奔青州，通过袁谭投奔袁绍。袁绍听说刘备来到，出邺城二百里，亲自去迎接刘备。刘备在邺城住了一个多月，被打散的士兵遂渐回到刘备身边。

　　曹操率军回到官渡，袁绍才开始计议进攻许都。田丰说："曹操既然击败刘备，则许都已不再空虚。而且曹操善于用兵，变化无穷，兵马虽少，却不可轻视。现在，不如按兵不动，与他相持。将军据守山川险固，拥有四州的民众，对外结交英雄，对内抓紧农耕，加强战备。然后，挑选精锐之士，分出来组成奇兵，频繁攻击薄弱之处，扰乱黄河以南。敌军救右，我军则击其左；救左，则击其右，使得敌军疲于奔命，百姓无法安心生产，我们没有劳苦，而敌军已经陷入困境，不到三年，就可坐等胜利。现在放弃必胜的谋略，而要以一战来决定成败，万一不能如愿，后悔就来不及了。"袁绍没有采纳。田丰竭力劝谏，冒犯了袁绍，袁绍认为田丰扰乱军心，给他戴上刑具，关押起来。于是，袁绍用公文通告各州、郡，宣布曹操的罪状。二月，袁绍进军黎阳。

　　沮授在出军前，召集宗族，把自己的家产分给族人，说："人势则权威无所不加，失势则连自己性命民保不住，真是可悲！"他弟弟沮宗说："曹操的兵马比不上我军，您为什么害怕呢？"沮授说："凭曹操的智慧与谋略，又挟持天子作为资本，我们虽战败公孙瓒，但士兵实际上已经疲惫，加上主上骄傲，将领奢侈，全军覆灭，就在这一仗了。扬雄曾经说过：'六国纷纷扰扰，只不过是为秦取代周而效劳。'这说的是今天啊！"

振威将军程昱率七百人守鄄城。曹操打算给他增加二千名士兵，程昱不肯，说："袁绍拥兵十万，自以为所向无敌，看到我兵力溥弱，一定瞧不起，不会来攻。如给我增兵，则袁绍大军经过就不会不进攻，进攻必然攻克，那就白白损失您和我两处的实力，请您不必担心。"袁绍听说程昱兵少，果然没去进攻。曹操对贾诩说："程昱的胆量，超过古代勇士孟贲和夏育了！"

袁绍要渡过黄河进行追击，沮授劝阻他说："胜负之间变化无常，不能不慎重考虑。如今应当把大军留驻在延津，分出部分军队去官渡，如果他们告捷，回来迎接大军也不晚，如果大军渡河南下，万一失利，大家就没有退路了。"袁绍不听他的劝告。沮授在渡河时叹息着说："主上狂妄自大，下边将领只会贪功，悠悠黄河，我们能成功吗？"于是，沮授称病辞职。袁绍不批准，但心中怀恨，就又解除沮授的兵权，把他所率领的军队全部拨归郭图指挥。

袁绍大军到达延津以南，曹操部署军队在南阪下安营，派人登上营垒望。望的人报告说："敌军大约有五六百骑兵。"一会儿，又报告说："骑兵逐渐增多，步兵不可胜数。"曹操说："不必再报告了。"命令骑兵解下马鞍，放马休息。这时，从白马运送的辎重已经上路，将领们认为敌军骑兵多，不如回去守卫营垒。荀攸说："这正是引敌上钩，怎么能离开？"曹操看着荀攸微微一笑。

袁绍的骑兵将领文与刘备率领五六千骑兵先后赶到，曹军将领们都说："可以上马了。"曹操说："还没到时候。"又过了一会儿，袁军的骑兵更多了，有的已分别攻击曹军的辎重车队，曹操说："时候到了。"于是曹军全体骑兵上马。当时曹军骑兵不到六百人，曹操挥军猛击，大破袁军，斩杀文。文与颜良都是袁绍军中有名的大将，两次交战，先后被曹军杀死，袁绍军中士气大衰。

起初，曹操欣赏关羽的为人，但观察关羽的心思，没有久留之意，就派张辽去了解关羽的想法，并羽叹息说："我十分明白曹公待我情义深厚，但我受刘将军厚恩，已发誓与他同生死，共患难，不能背弃誓言。我最终不会留在这里，但要立功报答曹公后才离去。"张辽把关羽的话报告给曹操，曹操佩服他的义气。等到关羽杀死颜良后，曹操知道他一定要去，就重加赏赐。关羽把所有曹操赏赐的东西都封存起来，留下一封拜别的书信向曹操辞行，就到袁绍军投奔刘备。曹操的左右将领要去追赶关羽，曹操说："他是各为其主，不要去追。"

曹操回军官渡，阎柔派遣使者拜见曹操，曹操任命阎柔为乌桓校尉。鲜于辅亲自到官渡拜见曹操，曹操任命他为右度辽将军，回去镇守幽州。

广陵郡太守陈登把郡府设在射阳，孙策向西攻击黄祖，陈登引诱严白虎的余党，准备在孙策后方起事。孙策率军回击陈登，先驻在丹徒，等待运输粮草。当初，孙策曾杀死吴郡太守许贡，许贡的家奴和门客藏在民间，打算为许贡报仇。孙策性喜打猎，经常在外追赶野兽，他骑的一匹骏马速度极快，卫士们的马根本追不上。孙策乘马驱驰时，突然遇到许贡的三个门客，他们用箭射中孙策面颊，后面的卫士骑马随即将门客全部刺杀。孙策受伤很重，召唤张昭等人，对他们说："中原正在大乱，以吴、越的人力，据守三江险要，足以坐观成败。你们一定要好好辅佐我的弟弟！"把孙权叫来，把印绶给孙权佩带上，对孙权说："率领江东的人马，决战于疆场，与天下英雄相争，你不如我；遴选贤才，任用能臣，使他们各尽忠心，保守江东，我不如你。"

四月，丙午（初四），孙策去世，当时他二十六岁。

孙权悲痛号哭，没有去主持军政事务。张昭对他说："孙孝廉，这难道是哭的时候吗？"于是给孙权换好官服，扶孙权上马，要他出去巡视军营。张昭率领僚属，向朝廷上表奏报孙策的死讯，并通知属下郡、县，命令各地官吏和大小将领都严守岗位。周瑜从巴丘率兵前来奔丧，就留在吴郡，担任中护军，与张昭一起主持军政事务。当时孙策虽然已经占有会稽、吴郡、丹阳、豫章、庐江、庐陵这几个郡，但偏远山区，还未全部控制。流亡客居在江南的士大夫，也还怀有暂时避难的想法，与孙策、孙权未建立起稳定的君臣关系。但张昭、周瑜等人认为可以与孙权共同完成大业，于是尽心尽力地为孙权效力。

点评：

孙策英气杰济，猛锐冠世。他仅用了几年时间，便开拓出会稽、吴郡、丹阳、豫章、庐江、庐陵六郡，招揽了大批人才，为日后东吴开国奠定了扎实的根基。确实是难得的人物。但他有时过于轻率武断，以致英年早逝，也真让人叹惋。

二十四、官渡之战

汝南郡的黄巾军首领刘辟等背叛曹操，响应袁绍，袁绍派遣刘备统兵去援助刘辟，周围的郡、县纷纷起来响应。袁绍派使者委任阳安郡都尉李通为征南将军，刘表也暗中派人来招李通，李通一概拒绝。有人劝李通与袁绍联络，李通手按剑柄斥责说："曹公明智，必然平定天下；袁绍虽然强盛，终究会败在曹公之手。我誓死不二。"随即杀死袁绍使者，把袁绍送来的印绶上交给曹操。

李通加紧按户征收绵绢，朗陵县令赵俨去见李通，对他说："如今其他郡县都已叛变，只阳安仍旧附朝廷。现在又要按户强收绵绢，小人喜欢作乱，这样强行征敛，恐怕不可以吧？"李通说："曹公与袁绍相持，正在危急时刻，周围郡、县竟然这样背叛，如果不立刻征收绵绢，送到许都，就必定会有人说我坐观成败，有所等待。"赵俨说："事情确实像您考虑得那样，但是应当区别轻重缓急。稍稍放松，我来为你消除这个顾虑。"赵俨于是给荀写信说："如今阳安郡百姓穷困，邻近郡县都已叛变，容易受到影响，这正是这一地区安危的关键时刻。而且阳安郡的百姓保持忠节，身处险境而并无二心，我认为国家应该加以慰抚，但却反而加紧征收绵绢，这怎么能劝导百姓一心向善呢？"荀立刻报告曹操，曹操下令把已征收的绵、绢一律退还百姓。上下都十分高兴，于是全郡安定。李通进攻郡内的地方势力首领瞿恭等，全部击溃，平定了淮、汝地区。

当时曹操制定了新的法令，颁下州、郡执行，比以前严厉得多，而且征收绵、绢正很急迫。长广郡太守何对曹操说："古代的君王把赋税分为九等，以距京城的远近作为标准，而且根据归附早晚与治乱的情况订立了轻典、中典、重典三种不同的刑法标准。我认为长广郡应该按照归附较晚的边远地区施行法律，赋税从轻，法令从宽。民间的小事，由地方官员因地制宜，自行处理，上不违背朝廷正法，下可顺应百姓之心。等到三年以后，百姓安居东业，然后再推行朝廷的统一法令。"曹操批准了这个意见。

刘备率军攻略汝、颍地区，自许都以南，官民都人心不安，曹操对此很忧虑。曹仁说："南方认为大将军目前正与袁绍相持到危急关头，势不能去援救，刘备又率强兵压境，所以他们背叛是在所难免的。不过，刘备刚开始率领袁绍的士兵，还不能得心应手，立刻进攻，可以击破刘备。"曹操就派曹仁率骑兵进攻刘备，刘备兵败溃逃，曹仁全部收复叛变各县后才回军。

刘备回到袁绍军中，暗中打算离开袁绍。于是，他劝说袁绍与荆州的刘表联合。袁绍派刘备率领他原来的部队再到汝南，与盗匪首领龚都等联合，有部众数千人。曹操派部将蔡杨前去进攻，被刘备杀死。

袁绍驻军阳武，沮授劝袁绍说："我军数量虽多，但战斗力比不上曹军；曹军粮草短缺，军用物资储备比不上我军。因此，曹操利于速战速决，我军利于打持久战。应当作长期打算，拖延时间。"袁绍没有采纳。

八月，袁绍大军向前稍作推进，依沙丘扎营，东西达数十里。曹操也把部队分开驻扎，与袁绍营垒相对。

曹操出兵与袁绍交战，没有取胜，又退回营垒，坚守不出。袁绍军中制造高楼，堆起土山，居高临下地向曹营射箭，曹军在营中行走，都要用盾牌遮挡飞箭。曹操制成霹雳车，发射石块，将袁绍的高楼全都击毁。袁绍又挖地道进攻，曹军在营内挖一道长长的深沟，以抵御袁军从地下来攻。曹操兵少粮尽，士兵疲惫不堪，百姓无法交纳沉重的赋税，纷纷背叛而降附袁绍。曹操大为忧虑，给荀写信，说准备用退回许都的办法，引诱袁军深入。荀回信说："袁绍集中全部军队到官渡，打算与您一决胜负。您以最弱者抵抗最强者，如果不能制敌，就将为敌所制，这正是夺取天下的重要关键。而且，袁绍只是布衣中的英雄罢了，能把人才招集在自己身边，却不能任用。以您的神武明智，加上尊奉天子、名正言顺，有谁能阻拦得住！如今，粮食虽少，但还没有到楚、汉在荥阳、成对峙时的困境。那时刘邦、项羽谁也不肯先向后撤，是因为先退就会处于劣势。您的军队只有袁绍军队的十分之一，但您坚守不动，扼住袁军的咽喉，使袁军无法前进，已长达半年。情势显现，已到终结，必将发生变化，这正是出奇制胜的时机，一定不能放弃。"曹操听从荀的劝告，于是坚守营垒，与袁绍相持。

曹操见到运输粮草的人，安抚他们说："再过十五天，为你们击败袁绍，就不再辛苦你们运粮了。"袁绍的运粮车数千辆来到官渡，荀攸对曹操说："袁绍的运送辎重的车队马上就要来了，押运的大将韩猛勇敢而轻敌，进攻他，可以把他击败！"曹操说："派谁去合适？"荀攸说："徐晃最合适。"于是，曹操派遣偏将军河东人徐晃与史涣在半路上截击韩猛，击退韩猛，烧毁辎重。

冬季，十月，袁绍又派大批车辆运粮草，让大将淳于琼等率领一万余人护送，停留在袁绍大营以北四十里处。沮授劝袁绍说："可派遣蒋奇率一支军队，在运粮队的外围巡逻，以防曹操派军袭击。"袁绍不听。

许攸说："曹操兵少，而集中全力来抵抗我军，许都由剩下的人守卫，防备一定空虚，如果派一支队伍轻装前进，连夜奔袭，可以攻陷许都。占领许都后，就奉迎天子以讨伐曹操，必能捉住曹操。假如他未立刻溃散，也能使他首尾不能兼顾，疲于奔命，一定可将他击败。"袁绍不同意，说："我一定要先捉住曹操。"正在这时，许攸家里有人犯法，留守邺城的审配将他们逮捕，许攸知道后大怒，投奔曹操。

曹操听说许攸前来，等不及穿鞋，光着脚出来迎接他，拍手笑着说："许子卿，你远道而来，我的大事可成功了！"入座以后，许攸对曹操说："袁军势大，你有什么办法对付他？现在还有多少粮草？"曹操说："还可以支持一年。"许攸说："没有那么多，再说一次。"曹操又说："可以支持半年。"许攸说："您不想击破袁绍吗？为什么不说实话呢！"曹操说："刚才只是开玩笑罢了，其实只可应付一个月，怎么办呢？"许攸说："您孤军独守，外无救援，而粮草已尽，这是危急的关头。袁绍有一万多辆辎重车，在故市、乌巢，守军戒备不严密，如果派轻装部队袭击，出其不意而来，焚毁他们的粮草与军用物资，不出三天，袁绍大军就会自行溃散。"曹操大喜，于是留下曹洪、荀攸防守大营，亲自率领五千名步骑兵出击。军队一律用袁军的旗号，兵士嘴里衔着小木棍，把马嘴绑上，以防发出声音，夜里从小道出营，每人抱一捆柴草。经过的路上遇到有人盘问，就回答说："袁公恐怕曹操袭击后方辎重，派兵去加强守备。"听的人信以为真，全都毫无戒备。到达乌巢后，围住袁军辎重，四面放火，袁军营中大乱。正在这时，天已渐亮，淳于琼等看到曹军兵少，就在营外摆开阵势，曹操进军猛击，淳于琼等抵挡不住，退守营寨，于是曹军开始进攻。

袁绍听到曹操袭击淳于琼的消息，对儿子袁谭说："就算曹操攻破淳于琼，我去攻破他的大营，让他无处可归。"于是，派遣大将高览、张去攻打曹军大营。张说："曹操亲率精兵前去袭击，必能攻破淳于琼等，他们一败，辎重被毁，则大势已去，请先去救援淳于琼。"郭图坚持要先攻曹操营寨。张说："曹操营寨坚固，一定不能攻克。如果淳于琼等被捉，我们都将成为俘虏。"袁绍只是派轻兵去援救淳于琼，而派重兵进攻曹军大营，未能攻下。

袁绍增援的骑兵到达乌巢，曹操左右有人说："敌人的骑兵逐渐靠近，请分兵抵抗。"曹操怒喝道："敌人到了背后，再来报告！"曹军士兵都拼死作战，于是大破袁军，斩杀淳于琼等，烧毁袁军全部粮秣。将一千余名袁军士兵的鼻子全都割下，将所俘获的牛马的嘴唇、舌头也割下，拿给袁绍军队看。袁军将士看到后，大为恐惧。郭图因自己的计策失败，心中羞愧，就又去袁绍那里诬告张，说："张听说我军失利，十分幸灾乐祸。"张听说后，又恨又怕，就与高览烧毁了攻营的器械，到曹营去投降。曹洪生怕中计，不敢接受他们投降。荀攸说："张因为计策不为袁绍采用，一怒之下来投奔，您有什么可怀疑的！"于是接受张、高览的投降。

于是，袁军惊恐，全面崩溃。袁绍与袁谭等戴着头巾，骑着快马，率领八百名骑士渡过黄河而逃。曹军追赶不及，但缴获了袁绍的全部辎重、图书和珍宝。袁军残部投降，全部被曹操活埋掉，先后杀死的有七万余人。

沮授来不及跟上袁绍渡河逃走，被曹军俘虏，于是他大喊："我不是投降，只是被擒！"曹操和他是老相识，亲自来迎接他，对他说："咱们处在不同的地区，一直被隔开不能相见，想不到今天你会被我捉住。"沮授说："袁绍失策，自取失败。我的才智和能力全都无法施展，该当被擒。"曹操说："袁绍缺乏头脑，不能采用你的计策，如今，天下战乱未定，我要与你一同创立功业。"沮授说："我叔父与弟弟的性命，都控制在袁绍手中。如果蒙您看重，就请快些杀我，这才是我的福气。"曹操叹息说："我如果早就得到你，天下大事都不值得担忧了。"于是，赦免沮授，并给予他优厚待遇。不久，沮授策划逃回袁绍军中，曹操这才将他杀死。

曹操收缴袁绍的往来书信，得到许都官员及自己军中将领写能袁绍的信，他将这些信全部烧掉，说："当袁绍强盛之时，连我都不能自保，何况众人呢！"

冀州属下的郡县多投降曹操。袁绍逃到黎阳的黄河北岸，进入部将蒋义渠营中，握着他的手说："我把脑袋托付给你了。"蒋义渠把大帐让给袁绍，让他在内发号施令，袁军残部知道袁绍还在，又逐渐聚集起来。

有人对田丰说："您一定会受到重用。"田丰说："袁绍外貌宽厚而内心猜忌，不能明白我的一片忠心，而我屡次因直立相劝而触怒了他，如果他因胜利而高兴，或许能赦免我；现在因战败而愤恨，嫉妒心将要发作，我不指望能活下去。"袁军将士都捶胸痛哭，说："假如田丰在这里，一定不至于失败。"袁绍对逢纪说："留在冀州的众人，听到我军失败，都会挂念我；只有田丰以前曾经劝阻我出兵，与众人不同，我也感到心中有愧。"逢纪说："田丰听说将军失利，拍手大笑，庆幸他的预立实现了。"袁绍于是对僚属说："我没有用田丰的计策，果然被他取笑。"就下令把田丰处死。起初，曹操听说田丰没有随军出征，高兴地说："袁绍必败无疑。"到袁绍大败逃跑时，曹操又说："假如袁绍采用田丰的计策，胜败还难以预料。"

审配的两个儿子被曹军俘虏。袁绍部将孟岱对袁绍说："审配官居高位，专权独断，家族人丁旺盛，兵马十分精锐，而且他两个儿子都在曹操手中，一定会心生背叛之意。"郭图、辛评也以为如此。袁绍就委任孟岱为监军，代规审配镇审邺城。护军逢纪一向与审配不和睦，袁绍去征询逢纪的意见，逢纪说："审配天性刚直，经常仰慕古人的气节，一定不会因为两个儿子在敌人手中而做出不义的事来。希望您不要怀疑。"袁绍说："你不恨他吗？"逢纪说："以前我与他争执是私人小事，如今我所说的是国家大事。"袁绍说："好！"于是，没有罢免审配的职务。自此以后，审配与逢纪的关系日益亲近。冀州属下一些背叛袁绍的城邑，袁绍逐渐收复平定。

袁绍为人宽厚文雅，有气度，喜怒不形于色，但性格刚愎自用，难于采纳别人的正确意见，所以最终失败。

庐江郡太守李术袭击扬州刺史严象，将严象杀死。庐江人梅乾、雷绪、陈兰等各自聚集数万人，分布于江淮之间。曹操上表推荐沛国人刘馥担任扬州刺史。当时扬州属下只有九江郡控制在曹操手中，刘馥单人匹马到合肥这座空城来上任，在合肥建立州府，招抚梅乾、雷绪等，他们都相继向朝廷进贡。数年之中，广施恩德，推行教化，来归附的流民数以万计。于是刘馥广开屯田，大修水利官府与百姓都有积蓄。于是召集学生兴建学校。又加高城墙、堡垒，积聚守城用的滚木礌石，加强作战和防守的准备。

曹操听到孙策的死讯，打算乘孙权等正在办丧事之机，大举讨伐。侍御史张说："乘人办丧事进行讨伐，是不符合古代道义的，如果不能攻克，便化友为敌，不如利用这个机会厚待他。"曹操上表推荐孙权担任讨虏将军，兼任会稽郡太守。

曹操想让张辅佐孙权，劝导孙权归附朝廷，于是，上表推荐张担任会稽郡东部都尉。张来到吴郡，孙权的母亲吴夫人认为孙权年纪尚轻，委托张与张昭共同辅佐孙权。张一心辅政，尽心尽力。吴夫人向扬武校尉、会稽人董袭说："江东能保得住吗？"董袭说："江东地形险要，易守难攻。孙策将军的恩德留在民间，孙权将军继承基业，大小官员都拥护他。张昭主持大局。我们这些武将作为爪牙，这正是地利人和之时，万无一失，不必担忧。"孙权派遣张到会稽郡上任，有人认为张本是朝廷任命的官员，疑心他的志向不仅在此，但孙权并不因此而介意。

　　鲁肃将要返回北方故乡，周瑜劝他留下，并向孙权推荐说："鲁肃才干出众，应当委以重任，还要多延聘一些他这样的人才，以成就大业。"孙权立即接见鲁肃，与他交谈，大为赏识。等到宾客都告辞后单独留下鲁肃，把坐榻合在一处，相对饮酒。孙权说："如今汉王室垂危，我想建立齐桓公、晋文公那样的功业，你有什么办法帮助我？"鲁肃说："从前，汉高祖刘邦打算尊奉义帝，但并未如愿，是因为项羽从中阻碍。如今的曹操，正象当年的项羽，将军有什么办法去效仿齐桓公、晋文公呢？我私下推测，汉朝王室已不能复兴，曹操也不能一下就被消灭掉。为将军打算，只有保守江东，以观察天下大局的变化。如果能乘曹操在北方用兵，无暇南顾之机，消灭黄祖，进讨刘表，把长江流域全部控制，这就能建立帝王之业。"孙权说："如今我尽力经营一方，只是希望辅佐汉王室罢了，你所说的这些我还没有想到。"张昭诽谤鲁肃年轻、粗疏，但孙权却越发重视鲁肃，赏赐予他财物，使鲁肃的豪富同鲁家当年一样。

　　孙权检查属下的低级将领，将部下兵力较少而能力又差的加以合并。别部司马、汝南人吕蒙，部下军容整齐，训练有素，孙权大为夸奖，为他增兵，并加以宠信。

功曹骆统劝孙权尊敬贤才，接纳各地士人，勤于征询对自己的意见；在宴会赏赐的日子，个别接见，询问生活起居以示亲近；鼓励发言，观察他们的能力与志向。孙权都采纳了。骆统是络俊的儿子。

庐陵太守孙辅恐怕孙权不能保住江东，暗中派人送信给曹操，请他率军南下。那个送信密使报告了孙权，孙权把孙辅左右的亲信全部处死，分散孙辅的部属，把他迁徙到东部看管起来。

曹操上表朝廷，征召华歆为议郎，参议司空府的军务。庐江郡太守李术不肯服从孙权，而且收容孙权部下的叛徒。孙权把这些情况报告曹操，说："扬州刺史严象，是您从前任用的，却被李术杀害。李术肆无忌惮地杀害朝廷官员，应当尽早诛灭。如今我出兵征讨，李术必定还会花言巧语，向朝廷求救。您身负天下重任，一举一动，都会被全国所注意。请求您告诉负责具体事务的官员，不要再听信李术的话。"孙权进军皖城，围攻李术。李术向曹操求救，曹操不加理睬。孙权攻下皖城，放纵士兵屠城，砍下李术的人头示众，把李术的部属二万余人都迁到自己的控制区内。

刘表进攻长沙郡太守张羡，连年不能攻克。曹操正与袁绍在官渡对峙，分不出兵力来救张羡。张羡病死后，长沙人又拥立他的儿子张怿接替他的职务。刘表进攻张怿以及零陵、桂阳两郡，全部平定。从此，刘表拥有土地数千里，军队十余万，便不再向朝廷进贡。他在郊外祭祀天地，住处和衣服器具，都仿照皇帝的式样。

张鲁认为刘璋懦弱无能，不再服从刘璋的命令，袭击别部司马张，杀死张而吞并了他的队伍。刘璋大怒，杀死张鲁的母亲和弟弟，于是张鲁占据汉中地区，与刘璋为敌。刘璋派中郎将庞羲进攻张鲁，未能取胜。刘璋委任庞羲为巴郡太守，驻守阆中，抵抗张鲁。庞羲未请示刘璋，就召集汉昌的人为兵，有人向刘璋诬告庞羲图谋不轨，刘璋起疑。赵韪屡次劝告刘璋，刘璋不加理睬，赵韪也怀恨在心。

当初，南阳及三辅地区的百姓因避难而流亡到益州的有数万家，刘璋的父亲刘焉把他们都收编为部队，称为东州兵。刘璋性格宽厚而仁慈，没有威信，东州兵欺压侵略益州原有的居民，刘璋不能禁止。赵韪一向深得民心，便利用益州百姓对刘璋的怨恨起兵反抗，率军数万人进攻刘璋。赵韪还给荆州牧刘表送去厚礼，与他联盟。蜀郡、广汉郡、犍为郡都起来响应赵韪。

曹操率军移驻到粮食丰足的安民地区。曹操认为袁绍才被击败，打算利用这个间隙去进攻刘表。荀说："袁绍刚吃了一场败仗，军心涣散，应该乘他尚未摆脱困境之机一扫而平。而您却要远征长江、汉水之间，如果袁绍收拾残部，乘虚从后面突袭，则您的事业将付诸流水。"曹操便停止了远征荆州的打算。

夏季，四月，曹操率军沿黄河行进，炫耀军威，进攻袁绍驻在仓亭的军队，打败袁绍军。

秋季，九月，曹操回到许都。

点评：

官渡之战，是东汉末年"三大战役"之一，也是中国历史上著名的以弱胜强的战役之一。东汉献帝建安五年，曹操军与袁绍军相持于官渡，在此展开战略决战。曹操奇袭袁军在乌巢的粮仓，继而击溃袁军主力。此战奠定了曹操统一中国北方的基础。